U0520461

中国文化的性格

梁晓声

著

北京联合出版公司
Beijing United Publishing Co.,Ltd.

图书在版编目（CIP）数据

中国文化的性格 / 梁晓声著. -- 北京 : 北京联合出版公司, 2025. 6. -- ISBN 978-7-5596-8325-0

Ⅰ. K203

中国国家版本馆CIP数据核字第2025VH2592号

中国文化的性格

作　　者：梁晓声
出 品 人：赵红仕
责任编辑：孙志文
封面设计：王　鑫

北京联合出版公司出版
（北京市西城区德外大街83号楼9层 100088）
北京新华先锋出版科技有限公司发行
三河市兴博印务有限公司印刷　新华书店经销
字数232千字　787毫米×1092毫米　1/16　15印张
2025年6月第1版　2025年6月第1次印刷
ISBN 978-7-5596-8325-0
定价：59.00元

版权所有，侵权必究
未经书面许可，不得以任何方式转载、复制、翻印本书部分或全部内容。
本书若有质量问题，请与本社图书销售中心联系调换。电话：（010）88876681-8026

自　序

其实也谈不上是序，只不过觉得，应向读者做一下说明。

如我一样出生于1949年的人，直至20世纪80年代末，所接受的传统文化知识委实是很少很少的。既无家学影响，也没在学校教育中较系统地学到过，更无幸结识过国学知识渊博的人——而且长期在不知不觉中，早已形成了"古代的那是封建的""封建的便是糟粕的"之错误认识。关于传统文化，在我这儿，确乎的，一向只不过是唐诗、宋词、元曲再加上尽人皆知的神话传说、典故、经典文学名著而已。

我决定自我补课，也确乎是成为北京语言大学教师以后的事。身为中国文化知识分子，还在大学从教，对中国传统文化一知半解，那就很难说自己文化综合素质够格了。

但我也并未进行全面的系统的自我补课，那已做不到了。而是以看"闲书"的方式，片片断断地自我补课，再将碎片化的知识，尽量连缀起来。

已有定论的灿烂的成果，已成共识的观点，在我这儿，无非接受便是。但对某些古代文化的、文学的、文艺的现象，补课过程，必然会心生出个人想法，于是有所记录。

故可以这样说，此书只不过是一个对传统文化自我补课的人，其公开的心得笔记而已。那么，错误必在，但我愿做一个知错就改的人……

目录

壹 中国历史的文化特质

文化的好与坏 / 002

一句"民为贵"抵过半部《道德经》 / 007

自古帝王不读书 / 013

说说大清 / 022

双面民国 / 028

女娲和夏娃 / 047

古代的,不都是"封建"的 / 050

国家的文艺气质 / 053

贰 文以载道

中国之蒙学现象 / 066

中国的诗与歌 / 071

正史与野史 / 076

胡适与鲁迅 / 080

"贵族精神"与"士大夫精神" / 082

秦文与汉赋 / 086

嵇康之死 / 089

《诗经》的文艺品质 / 092

《三国演义》之史观与民间解构 / 095

关于文艺这种"软实力" / 097

叁 文学即人学

我的使命 / 102

我与文学 / 106

人和书的亲情 / 132

"人在现实中应该是怎样的"
　——关于《人世间》的补白 / 135

文学是为了让人类的心灵向善向美 / 138

人的文学：历史真实、现实主义及其他
　——兼致李玲教授 / 142

论林黛玉的不"醋" / 150

《聊斋志异》里的民间记忆 / 155

唐诗宋词的背面 / 165

百年文化的表情 / 177

评论的尺度 / 182

肆 文明的尺度

中国人文文化的现状 / 190

论人文教育的当下意义 / 198

崇尚"曲晦"乃全社会的变态 / 206

美是不可颠覆的 / 209

论"苦行文化"之流弊 / 218

论大学精神 / 221

读书是一种抵抗寂寞的能力 / 224

有文化,到底什么算有文化 / 226

守护精神故乡 / 229

像一树一树的花开 / 231

壹 中国历史的文化特质

文化的好与坏

中华民族，历史悠久。依我看来，至1912年清朝皇室发布逊位诏书前，史况本质上是一样的——国乃皇家"天下"，人乃皇权统治下的"子民"，百姓创造之财富任由皇家收缴、支配甚至穷奢极欲地挥霍。区别在于，仅仅在于，若子民幸运，生逢好皇帝亦即所谓"仁君"在位的年代，并且无外患，无内乱，朝廷由贤臣良将组阁顶层领导班子，再加上少有大的自然灾害发生，那么，百姓得以休养生息，百工得以蓬勃发展，士人安分，商贾活跃——便会被史家说成是"盛世"了。

古代的史家与近代的史家很不同的一点在于——前者对"仁君""明主"一向歌功颂德，后者则大不以为然，再三指出皇帝就是皇帝，都是封建统治集团的头子、"总舵把子"，所谓"仁"与"明"，不过是统治术玩得高超。归根结底，是为了"家天下"能"千秋万代"罢了。而所谓贤臣良将，也不过是皇家的优种鹰犬。如此看来，"仁君"与暴君、庸君，贤臣良将与奸相恶臣就没本质区别了。

我年轻时是很接受后一种史观的，奉为圭臬，以为是与封建思想做了一切斩断的决裂。

后来读的史书多了点儿，领会的史观丰富了些，看法有所改变。

这我真的要感激胡适。

他那句"立论总要公允"的话对我影响很大，很深。他似乎在此话之前或之后还加了"要厚道"三字。他的话并非针对历史研究，而是指人与人辩论甚至论战时的态度。他是对个人修养有很高自我要求的人，认为旨在以文字为武器一心"击毙"论敌的粗暴辩论态度是不可取的，属于江湖上的暴力崇拜行径。

智哉斯言，君子者胡适！

窃以为，对待历史，尤当立论公允；厚道的眼光，反而会更接近史实一点儿。

比如武王创周后的执政表现，确比他号召诸侯所推翻的商纣王的统治人性化得多。而商纣王，则十足是变态的恶魔式的暴君。孔子以"克己复礼"为己任，对弟子们反复强调"悠悠万事，唯此为大"，是可以厚道地理解的。

而刘邦立汉做了"天子"后，也确实与秦二世的暴戾昏聩有别。

包公、海瑞、杨家将、岳家军等等被后世人一再以戏剧、评书的形式歌颂，不能仅以民智愚昧而论。

即使那些治国表现总体上与"仁"不沾边的皇帝及其大小官员，只要在某事上表现了对民的一次一点儿善举，使民间疾苦从而减轻了些，使社会制度从而人性化了些，也当予以承认、肯定。此种对历史人物的公允、厚道的态度的养成，有益于当代人对当代事之立场的客观。

举例来说，自启夏以降，奴婢现象便存在矣。当时女奴并不叫婢，叫婢是后来之事。至先秦两汉，户籍制度逐渐形成，至魏晋时，已较定型。至唐宋，更加成为国法之一项内容。

那种国法规定，户籍分为皇族、贵族、军籍、民籍、贱籍——分类造册登记。

贵族虽贵，因与皇族并无血统关系，与皇族在法办方面还是有区别的。陈世美只能算是"国戚"，不能与血统上的皇亲混为一谈。若他是皇帝的亲兄弟、亲子侄或叔伯之亲，包文正能否真的铡得了他，或还敢不敢铡，也许将是另一回事了。封建之所以谓封建，血统是至上的。至上到什么程度？老婆那边的亲戚，该杀那也是按倒了就杀的。理论上国丈杀得，皇帝他爸的毫毛是没人敢碰一下的——除非得到皇帝的授意。而皇后的三亲六戚若犯了法，该怎么处置，全看皇帝对皇后的宠爱程度。

再说古代的户籍——士农工商皆属民籍。农业之国，国税主要依赖农民缴纳，故农民的重要性排在工商前边。士人中出"干部"，出皇家倚重的栋梁之材，兹事体大，虽同在民籍，地位突显。

而所谓贱籍，从唐宋至元、明、清，成分越来越芜杂。到明晚期，已细分为官户、杂户、乐户、疍户及堕民等种类了。

官户并非指官员的户籍，而是指户籍虽直隶"农司"，但身在官府，听命行差于大小官员的下等民，多为战俘后代；地位比奴婢略高，却也高不到哪儿去。他们只能在相互之间婚配，不得娶嫁"良人"，亦即士农工商，违者杖百。没有武松那等抗击打的功夫，不被活活打死才怪了。

杂户乃指被判以"谋反""降判"等"政治"罪名的人的后代；后代的后代亦在其列。

北周建德六年（577年）曾颁诏书，谓"一从罪配，百世不免。罚既无穷，刑何以措。道有沿革，宜从宽典。凡诸杂户，悉放为民。配杂之科，因之永削"。

"革"自然就是改革。这"道统"的改革自然是进步。我们今人偏不以为然的话，那么今人又成了什么人？

北周的"天子"以为仁心一发，天下"自此无杂户"矣。

哪里有他想的那么简单！

到了唐朝，"道统"又复原了，依然规定"杂户不得与良人为婚，违者杖一百"。并且更严了，"良人娶官户女者"，亦将受严惩。却也留了一线希望，若有忠义表现，侥幸获得赦免，可跻身平民行列。

此外还有驿户——因亲属犯罪逃亡而被发配到偏远驿站的服役者。

营户——被强迫迁徙并从事营造苦役者。

乐户——罪犯亲属中有姿色和艺术细胞者，被选中为官为军从事声乐服务的男女，女性自然也得奉献身体。乐户之地位与官户同等，也只能在同类中自相偶配。

疍户与九姓渔户，唐宋以后从四川、云南迁徙到两广及福建的草民，无土地，世代居水上，以船为家，善潜海取蚌采珠，主要以打渔市鱼为生。他们中每有穷途末路，自卖为奴者。

从事优伶、舆夫、吹鼓手、剃头、抬轿子、演戏、说书等职业者，都被认为是沦落之人，户籍与丐户归于一档。元、明两朝，男不许入塾读书，女不许缠足（反而是幸事），自相婚配，不得与良民通婚姻。"即积镪巨富，禁不得纳赀为官吏"——这种情况，延至清代；出身铁定，绝不可变。

清朝出于满人自身的尊卑观点，对以上等级制度又有添加，连衙役皂卒也归入了贱民之列，严格禁止他们的子孙参加一切仕考。所谓皂卒，穿黑衣的使唤人也。衙役的后代即使已被过继给良人为子，仍不准应试。而良民一旦被招募为衙役，其身份也便由良而贱。

清代刑律规定，奴婢伤害平民从重处罚——奴婢殴良人者，比凡人罪加一等，"至笃疾者，绞；死者，斩"。如奴婢殴"家长"，属弥天重罪——不论有伤，无伤，不分首从，"皆斩"。

清代依然禁止"良贱通婚"。

康熙二十四年（1685年），朝廷就八旗内部放奴为民颁发条令：凡八旗户下人家，倘若出于自愿，可以"恩准"奴仆还自由之身。随后，又将此条例推及汉官。且明文规定，获释奴仆"准与平民一体应考、出仕"。

康熙不愧为英明统治者，他此决定，为清朝的统治赢得了好口碑。

雍正五年（1727年），朝廷又下诏，允许部分表现有功义的贱民脱籍归良。诏曰："朕以移风易俗为心，凡习俗相沿不能振拔者，咸与以自新之路。""免至污贱终身，累及后裔。"

乾隆三十六年（1771年），续颁"新法"——即使那些籍在疍户的和堕民的，若经四代"清白自守"，亦可入平民籍。

于是，有助于我们明白，何以清灭明后，在不甚长的时期内就基本稳定了统治局面——靠的不仅仅是镇压。而元灭宋后，对汉人全无德政可言。故，清比元的统治期长久得多。镇压与怀柔并举，努尔哈赤的后代们，在此点上比成吉思汗的后代们略胜一筹。

为什么要回溯这些史事呢？

盖因与中华民族的阶层谱系有关耳。

古今中外，所谓文化，确乎的，从来都打上阶层的烙印。而社会进步的一个标志乃是——阶层文化的烙印越来越式微，文化品质的一致性越来越成为大方向。进而言之，即社会地位不同的人们、经济基础不同的人们，在文化方面却越来越难以分出趣味之高低；所谓"上等人士"未必同时便是文化优上者，所谓"下里巴人"未必不是"腹有诗书气自华"者。而大多数人，只要愿意，不但是文化受众，还完全可以是好文化之提供者、传播者。

知识分子间有一种观点认为，文化总体而言都是文化，并无好与不好之分，所谓好坏，无非一部分人为了实行对另一部分人的文化操控而鼓吹与推行的利己标准。君不见某一历史时期的好标准，星移斗转，"道"变人变之后，于是被证明为不好，甚至被证明是很坏的文化了吗？

此种现象确乎不乏其例。

但本人认为，不能就此便得出文化本无好坏之分的结论。

人是感受系统丰富的动物。连细菌对人亦有好坏之分，何况与人的思想、精神和心理关系密切的文化呢？

某种文化彼时代被奉为好文化，此时刻被质疑、否定、颠覆，归于不可取一类——为什么会这样呢？还不是因为人们的文化评价水平提高了，能够以好的文化标准来衡量了吗？人类已经与自身所创造的文化密不可分地"相处"了几千年了，若在文化品质上至今仍不能区别好与不好，人类岂不是太可悲了吗？

一句"民为贵"抵过半部《道德经》

1912年2月12日,清皇室发布了逊位诏书,声明"特率皇帝将统治权公诸全国,定为共和立宪国体,近慰海内厌乱望治之心,远协古圣天下为公之义""亲见郅治之告成,岂不懿欤"。

诏书是"大内"一等笔杆子所作,文采隽永,有一吟三叹之韵,含催人泪下之情,端的属于极品美文,可与诸葛亮的前后《出师表》有一比。仿佛彼们自打入主汉家,朝朝暮暮与普天之下的子民心往一处想,劲往一处使,不但同舟共济,而且亲如鱼水一般。似乎彼们的弃权,是一百二十分对不起老百姓的内疚之事。

清朝的完结,不但是古老的封建国体之崩溃,也是封建文化之文化中心地位的动摇和丧失过程。封建国体与封建文化,如蛤蜊的双壳,是缺一不可的"配套"。比作蛤蜊而非蚌,是因为壳内绝对不会产生珍珠。

清朝在中国历史上并非罪孽深重的朝代,起码不比此前任何一个朝代罪孽更大。在中兴时期,励精图治的作为可圈可点。但是像此前任何一个朝代一样,根本无法克服专制和腐败两种遗传其身的"合并癌"。于是规律性地由迷恋专制而视进步为天敌,由腐败而腐朽终至晚衰、没落、不可救药。既迷恋专制又想不怎么腐败完全是异想天开。因为越企图持久地专权便越会使劲加码地专制,也就越会强调其特权的绝对性和全面性,于是特权渐趋无限大,而腐败也就似乎不算腐败,不足论道了,于是不可救药。

封建国体由于先天的"合并癌",其延续是一种向亡而存的存在。即使在其中兴阶段也是如此，好比带癌之人生命的某一时期显现红光满面、精力充沛的假象。

而谈到封建文化，无论如何也是绕不开孔子的，并且一向会使后人联想到与他同时期的老子，以及后来的孟子与"诸子百家"。

我偶谈孔子时，头脑中同时会出现两种"标签"——伟大的思想家和伟大的封建时期思想家。正如一谈到孔雀和天鹅，美丽与优雅的形象和野禽的概念同时在头脑中出现。

研究孔子的学者和尊崇孔子的后人，似乎更喜欢说他是伟大的"古代"思想家。

但是没有什么历史人物能生活在非封建的古代国度。

而且人类社会的封建时期也并非便是一无是处的时期，封建时期自有其封建文明——在中国的春秋时期能产生孔子、老子及文化思想方面的"诸子百家"，本身便是封建文明的佐证。

同理，封建思想并非一概地一无是处。伟大的封建时期的思想家之所以伟大，乃在于其思想不但有益于促进当时之社会的和谐与进步，对于当代的人类社会仍部分地具有文化思想遗产的价值。

不能要求孔子当年具有现代民主思想，这样要求古人既不客观也不厚道。亦不能因为孔子当年并没宣讲过多少有点儿现代民主意识的思想而否定其伟大性，正如不能责怪古人仅仅发明了算盘而并没进一步研发出计算器而觉得算盘之发明不伟大。

孔子的思想是多方面的，对中国影响最悠久和深远的是"君子"文化。"君子"文化的核心是仁义礼智信。"智"非指心机能力，而是指理性。

那么，孔子实际上是希望通过传播好人文化而实现其对于好社会的理想。

我们当下中国人每每热议的话题是——好社会之实现，是好制度的作用更大，还是好人多起来的作用更大？

窃以为，二者是不该对立而谈的。若一种制度较开明，并且在向着更开明发展，那么当然好人越多，发展越顺利。反之，做好人难，几乎只有做顺民。但若想要将不好的制度朝好的方面改变，那就还是得靠人。不靠人靠神吗？于是人的作用凸显了。

在此点上，一个有趣的现象是，鼓吹制度决定论的胡适，竟也同孔子一样，在民国时期将社会进步的希望一度寄托于所谓"好人政府"。

胡适心目中的好人，与孔子心目中的好人如出一辙，无非是君子式的肯为社会进步奉献能力的人。

孔子当年也是面临制度的作用更大还是人的作用更大的自我叩问的。他倒没什么帝王崇拜，他内心里肯定是主张天下为公的；他将帝王也视为可以通过好思想化为"明君""仁主"的人——他认为如此一来，好制度自然会由"明君""仁主"来开创。在他所处的时代，"君"与"君"是不一样的，有的"君"确实想做"明君""仁主"；他以他的眼看从前，春秋前边的历史中，也确实有所谓"明君""仁君"产生过。所以，便不能认为他那么思想简直是脑子进水了，完全违背社会良性发展之逻辑。

无独有偶，两千多年后，在日军大举侵华，中国军队节节败退之际，现代民主启蒙思想家胡适，向当局有关方面呈文，一反不染官职的清流之志，自荐要当"驻日大使"。

他意欲何为呢？

他要以和平之道，当面教导日本天皇改变支持军国主义的立场，带头反对日本军方的侵华行径。

孔子也罢，胡适也罢，不论对于古代列国诸王，还是对于现代日本天皇，所表现出的好愿望的颇为自信的一致性，证明的并非是文化大师们的天真幼稚，而是古今中外文化正能量在特殊时期特殊情况下的应急反应。

孔子与胡适、古代与现代、封建与民主、儒家思想的鼻祖与新文化运动的宣言者之间，在主张和倡导君子人格以及与之相关的人格修养方面，穿越式地进行了复合。

一切古代的优秀思想的总和，乃是人类社会近当代优秀思想成果的母体——后者要么是对前者的继承和发扬，要么是在质疑、解构、修正、批判和颠覆前者的过程中才形成其自身价值的。即使是这一种情况，后者仍当感激前者，好比没有"面引子"，发不出好面蒸不出好馍来。

在公元前500多年的时候，在孔子之前，世界上再无第二位像孔子那样诲人不倦的思想家——苏格拉底、柏拉图、亚里士多德三师生比孔子晚出现了一百多年；而中国诸子百家思想争鸣时期的文化景观，气象之大超过古希腊三哲的影响。

若以孔子与古希腊三哲相比较——孔子的思想早于后者们一百多年，这是孔子的伟大之处；后者们的思想具有体系化的特征，并且他们的国所具有的初级民主之端倪，为他们的"国是"思考提供了"超君"想象的客观空间——这与孔子所处的春秋时期大为不同，于是会对比出孔子之"国是"思想明显的历史局限性。

而在孔子与老子之间，我觉得孔子的全部思想更切实际一些。孔子的思想是语录式的，老子的思想是论文式的。前者是入世的，主张有能力的人应为国为民有所担当，体现出能力越大责任越大的精义。就此点而言，我甚至认为具有现代西方"个人主义"的某些色彩，因而于封建的底片上，隐含着现代的线条。老子的思想也是自成体系的，无须后人归纳分类。《道德经》的思想维度比孔子的思想维度大，思辨风格一目了然，修辞的逻辑特征甚强，具有纵横驳论之锋，故后人亦称他那一派人物为"纵横家"——可视为中国最早的辩证哲学。

近代有些研究者认为，孔子拜见过请教过问题的老子，未必便是《道德经》的作者，而《道德经》实际上产生于孔子死去很多年之后。既然老子乃是《道德经》的"经主"似乎早已成共识，我们也只有将老子与《道德经》相提并论。

《道德经》之"道"指自然规律与人为的事物规律，"德"指相对于两种规律的人的意识。依老子看来，凡人为之事与物，基本上全是违反自然规律的。人与自然的关系，以无为地生存于自然界中为最明智。果而如此，人类的进化反成自身罪孽了，像动物世界中的一个寻常物种那么听天由命，似乎才是正理。反之，最大之愚也。

在人为事物现象中，老子着力攻击的是所谓"圣人"们那套礼教之说和人类一切企图构建秩序的"妄想"——他主张人皆不应有为，是谓"道法自然"。反之，伪也。那么当然的，什么仁义礼智信，全都是谎言。

我觉得，《道德经》的锋芒所指，分明也是旨在批判"圣人"孔夫子的。大概孔子死后荣名加身，"老子们"是心有不快的。但问题是，其矛头一经对准孔子，本身固有的智慧之光于是暗淡了——因为孔子的某些思想，毕竟有益于人之心性的进化。

"是以圣人之治，虚其心，实其腹，弱其志，强其骨，常使民无知无欲。使夫知者不敢为也，为无为，则无不治矣。"

在老子的思想体系中，一而再，再而三地提醒、告诫作为统治者的"圣人"，"使民无知无欲"的重要性。

孔子以"复礼"为己任，老子以"愚民"为天职。孔子力图诲君王善为而为，老子则苦劝"圣人"谙不为之妙理。

中国之学界有种长久的通病，便是对所谓经典的一味赞美。尤其是成了靠宣讲经典吃饭的人以后，更是习惯于论瑕为美。仿佛不如此，所捧的饭碗就低等了似的。在此点上，不要说不及西人治学的客观了，就是连致力于传授的古人也不及的。后者们对所谓经典也还是具有批判精神的，且能在批判中贡献新思想。而当代的靠宣讲经典吃饭的人，大抵本无独立见解，所以不敢批判，也就只有一味赞美。

依我看来，在"愚民"这一点上，《道德经》与柏拉图的《理想国》有共同之处。他们二人，当然是不可能进行过思想交流的。在所处时期接近的历史长河中，在都未至彼国的前提下，竟不约而同给人类的好社会之实践开出了愚民的药方，这倒是值得思索的。我们今人不因而否认柏拉图之古代大思想家的地位，当然也不应因而杯葛[1]老子。打几分折扣的思想家那也是思想家，人类还没产生过不打折扣的思想成果，包括《圣经》。

至于孟子，比孔门的任何一名弟子对光大孔子的思想都功不可没。孟子在所有古代思想家中是最善用比喻的，还善于讲故事——起码在他生前是那样。

孟子诲人不倦的对象主要是君王——在此点上他比孔子幸运。孔子当年周游列国受待见之时少，列国的王们都是军事力量崇拜者，更需要的是防止政变的王位巩固之术和取胜避败的战术，对文化统治这种"软实力"

---

[1] 杯葛：抵制之意。

的重视相当漠然。到了孟子的时期，王们的存亡如上市公司，今朝这家上市了，明日那家崩盘了、退市了，都与彼们在本国的民心状况有一定关系。孔子的学说乃是引导彼们"团结"民心的，死后的"学术"影响大于生前。孟子继承了孔子衣钵，宣传且有发扬，于是王们都想听听他的高见了——反正听听对自己并无损失，最大损失无非就是浪费了点儿时间。故也可以说，孟子得以见到几位王，当面贡献自己的思想，是沾了孔子身后名的光。

孟子治国理念的核心是"仁政"，这种理念说多了，劝诲不免有了教诲的意味，王们其实是不爱听的。《孟子》七篇只记述其见了哪几位王，向彼们阐释"仁政"道理时打了什么比方，讲了什么故事，无一字记述王们采纳了没有，采纳后治国情况发生了什么变化，原因就在于他讲他的，王们有一搭无一搭地听着而已。好比当下的中国，商战之势汹汹，老总们都怕出局或急于上市，兼并别人；他那套"仁政"的理念只能被王们认为理念上成立，解决不了彼们的当务之急。这也难怪彼们，实际情况也是，往往还没能实践"仁政"呢，自己的国已被灭了。

孟子的专执一念，并不意味着他好为王师，也并非是他想靠贡献思想混个一官半职。他肯定是有人文情怀的人，是真心恤民爱民的思想家。他心目中的民，比老子心目中的民地位高多了——坦率来讲，我认为老子的民思想是阴暗的、不光明的。我想孟子的逻辑是这样的——使一王仁，于是"仁政"便得以在一国实践，于是百千万民便可享"仁政"之福泽，于是为别国的王树立了榜样，天下太平，诸国和睦的局面有望开创。

所以孟子比孔子还理想主义，他的理想太阳光了，几近于天真无邪。

孟子有句话说得很牛，即："民为贵，社稷次之，君为轻。"

此话是"天下为公"的最明确的注脚。

我每为孔子遗憾——若此话出现在孔子语录中，"五四"时打倒"孔家店"的口号估计喊不成响了，"文革"中的"批孔"运动也更难推进了。

孟子死后，被尊为"亚圣"——不是王们、皇们、帝们封的，而是历代学人与民间百姓相当一致的加冕。

可以断定，与其"民为贵"之思想有很大关系。

我一向觉得，一句"民为贵"抵得过半部《道德经》。

自古帝王不读书

"自古帝王不读书。"

这话有点儿绝对，却有普遍性。与民间那句"慈不带兵"的话异曲同工。后四个字且不论了，成年人都懂的。前句话却须略说一说，与本书内容有关——世上本无帝王，想当帝王的人多了，就有了。帝王者，欲永据"天下"为家族"社稷"者也。中国之"家天下"，据说始于启，但关于夏朝的信史尚不确凿，所以今人也只能当作莫须有之事。

先是王们多了起来，便都盘算着称帝，于是你发兵灭我，我率军攻他。此王消灭彼王是辛苦又玩命的事，并且肯定要绑架众生，哪里有闲工夫读书呢？所谓圣贤书都是教诲人戒霸心的，戳他们的肺管子，当然更反感了。

"马上得江山"，说白了是指第一代帝王们的"事业"是靠双手沾满了鲜血才成功的。

但二世主、三世主……后数代乃至十几代的王位、帝位继承者，都是必须读些书的。"家天下"仅靠自家兄弟的能力难以长久统治，何况自家兄弟之间也每因谁更有资格继位而白刀子进去，红刀子出来。于是借力势在必行。借什么人的力呢？当然是借众臣之力。众臣中多是读书人。汉以后，科举制度更趋完善，为帝王效忠的众臣关于往圣之书的知识水平普遍高了，文韬武略一套套的，奸臣腐将也能那般——这种情况下，继位的帝王们不得不跟上形势，与时俱进，也多读些书了。否则，没法儿与众臣讨论国是了，那起码是面子问题。

帝王们的面子尤其是面子，不是闹着玩的。在他们小的时候，他们的父辈也很重视对他们的文化栽培，他们的老师都是当朝的学问家，德才兼备的人物。

所以，排除非正常接班的情况——多数正常接班亦即以成年之龄接班的帝王，文化水平是不成问题的，起码够用，说起话来不至于丢帝王的份儿。他们中有人还颇好文艺，甚至才情较高。比如宋徽宗，诗画皆佳。至于成了俘虏，失了半壁江山，原因很多，非一己之责。

在他们小的时候，国师不可能不授以孔孟之道。但讲到孟子时，国师们都是有保留的。"民为贵，社稷次之，君为轻"一句，国师们都是绝口不提的——那不是成心找修理吗？

所以孟子也就一直是"亚圣"，"反动言论"、历史"污点"被遮掩了。

孔子并非一直是各朝各代的文化偶像。

大唐时的朝野并不多么地重视他，影响也很有限。

唐代朝野更青睐的是佛教，以至于某个时期，好逸恶劳的青壮年男子纷纷出家，社会生产力都下降了。这使唐武宗很光火，下旨拆了许多庙，赶跑了许多和尚，勒令还俗，逼他们能干什么营生干什么营生去。

宋朝也没太拿孔子当一回事。宋的朝野比较崇尚道教。南宋退据长江以南之后，有几年风调雨顺，国耻伤口渐愈，经济发展态势趋好，于是都热衷于及时行乐与养生之道，却好景不长，还是亡了。南宋之亡，与从皇室到朝廷官员、从士林到庶民的颓废迷醉，纵娱恣乐的国风有关。岳飞死后，半个宋朝军心难振，士气沮丧，军队锐志不再，所以连梁红玉都得率女兵与金兵进行水上战斗了。李清照诗云：

> 生当作人杰，死亦为鬼雄。
> 至今思项羽，不肯过江东。

这可看作一个弱女子眼见半个宋朝多数男人不"男"的喟叹。确乎，南宋之男，除了韩世忠等少数将领，其余皆似被阉男也。南宋词风，也再没了北宋时边塞词的豪迈与骁勇气质。长江便是国边了，还边的什么塞呢？南宋的皇家有种幻想，以为长江未必不可做水的长城，金军插翅难逾天堑。而蒙古军团的强大悍猛，也是南宋必亡的客观原因。他们都横扫欧洲如卷席了，况乎小半个南宋？

元朝初定时期，镇压酷烈，杀性不减。先是，攻城略地，滥杀为习。每仅留工匠，以充军役。入主后，将汉民分北人、南人。北人者，已杀服之长江以北的汉民也；南人者，刚纳入统治地盘之汉民耳。对南人，起初无分官员、士子，杀戮甚于庶民。在他们的意识中，南宋官员、士子，乃首当灭除之不驯种子。故汉人经此一劫，大抵被杀怕了。亡国之官之士，多逃往深山老林或荒僻远域。此种情况，十余年后方止。他们沉浸于征服的骄暴，杀戮之快感，不知怎样才是不凶残。

元初之文官武将中的汉人，基本是北宋的降官降将。亡南宋时，彼们也曾出谋划策，效军前帐后之劳。元的中低级武官，不分蒙汉，基本是世袭制，父死子继。高级别的汉人中的文官武将死后，以其功之大小与忠诚的被认可度，决定对其子孙的任用等级。这就使它的"干部"队伍往往匮乏，后来不得已开始从南宋遗臣中招纳识时务且可用之人。

元九十八年[1]的统治时期，科举是基本废掉了的。没法儿不废。若延续，考什么呢？还考四书五经？岂不等于替汉人招文化之魂吗？科举一废，"往圣"之学的继承，便从公开转入了"地下"，由塾授馆授转入了秘密的家传族授——而这是危险的，一旦有人告发，很可能被视为"怀复宋之心"，因而大祸临头。

在元九十八年的统治下，汉民族的传统文脉差不多是断了运象的。而元留存史上的文化成果，基本便是散曲、杂剧，关、马、白、郑[2]而已。

散曲初现于唐。唐是多民族相融的朝代，散曲于是有别民族的语言风格。与唐诗乃文人雅士的事不同，散曲更属于底层人的最爱，声靡于瓦舍勾栏之间。至宋，词风甚盛，散曲之声寂焉。

---

[1] 此处以1271年忽必烈改国号为元至1368年明朝攻占元大都计算（1271—1368）。
[2] 关、马、白、郑：指关汉卿、马致远、白朴、郑光祖。

元使汉民族文人士子的地位沦落,亦不再敢以诗词抒情明志,遂将被压制的文才转向了散曲。因这专业群体的参与,散曲也多了几分瑰丽旖旎。

但细论起来,散曲的严格定义,应是——元统治时期由汉民族发扬其魅力的文学现象。关、马、白、郑四大家,皆汉人也。

先是,蒙古军团灭金后,他们都是不得已地成了长江以北的元朝人,否则死路一条。为了生存,亦不得不折腰服务于元。蒙古军团攻南宋时,关汉卿曾以医职服务之。而南宋即灭,七旬老翁关汉卿逝于江浙一带,比关汉卿年轻许多的马致远还在浙江一带做过元朝的小官。正所谓"国破山河在",大家都得活。

关也罢,马也罢,他们的剧作,其实无敢以元为背景的,反倒都以宋为背景。若以元为背景,则肯定悲也是罪,讽也是罪,怎么着都肯定是罪。而以宋为背景,好写多了。一概宋背景下的悲欢离合、嬉笑怒骂,元统治者都当其是在反映"万恶的宋朝"。

白朴和郑光祖,也只能循此路数。

元统治者的眼,对他们这些汉裔文人,盯得很紧,身家性命不能轻,又哪里敢以剧作造次呢?

至于他们在散曲、杂剧方面的成就,后世好评多多,已获公认,不赘评。

单以马致远一首《双调》为例,其胸中纠缠郁闷,足见一斑:

酒杯深,故人心,相逢且莫推辞饮。君若歌时我慢斟,屈原清死由他恁。醉和醒争甚?

屈原坚持节操而死,由他死他的吧。谁醉谁醒,争个什么劲啊!

元的亡,亡于作为统治集团,自身文化积淀浅,又不善于取长补短,充分利用"汉家"文化之"先进"因素,整合人心,是以亡得较快。

明朝的朱元璋在此点上却是有着清醒认识的。他这位因人生潦倒而当过和尚,也当过起义军首领的皇帝,对孔孟之道还是略知一二的。初登基时，他向朝野一再表示，自己一定会行仁政，做个好皇帝。因为他有此种表态，当然便有各色人等向他宣扬孔孟之道的德性作用。也许正是在这种情境下，某个冒失鬼，哪壶不开提哪壶，顺嘴溜出了孟子那句"民为贵，社稷次之，君为轻"的"混账话"——对一切帝王，那话肯定是"混账透顶"且大逆不道的。朱皇帝当时就火了，要传旨将孟子捉到砍了。这事正史上未提过，野史中传得很广，可信度不高。向来孔孟并提，凡是个汉人，谁人不知，哪个不晓？尽管在元朝被"冰冻"了九十八年，那也由地下的家学播在了一代代汉子孙心里呀。

虽不可信，但自明始，孔孟之道变成了孔子一人之道，这却是真的。结果"亚圣"被剥夺了"圣"名，连其塑在文庙中的像也遭捣毁，当垃圾清出了文庙之门。

政治本不是谁都"玩"得起的国之顶层大事，偏偏孟子尤爱议政。这一点上他就是不如孔子明白。人家孔子除了"克己复礼"，关于政治很少发议论。最有冒犯意味的话，不过就是"苛政猛于虎"。帝王皇上可当诤言来听，没有颠覆性。

朱皇帝之登基接近"顺承天意"，推翻元朝符合最广大汉人的心思——元的晚期，人口已近九千万，而土地越来越集中在达官显贵及地主阶级名下，实际上绝大多数农民几乎都变成了佃户[1]。而且，元代加强了对最底层人的户籍管理，被划入另册将世代为奴做婢的人口尤多。他们除了造反，再无别种改变命运的可能。天灾战祸亦使流离失所、背井离乡的游民人口大增。元晚期的腐败加速了它的灭亡，可谓支撑乏术。

朱皇帝在文化上独树孔子之后，不久恢复了科举。这给元时"十儒九丐"的潦倒文人士子们打了一针强心剂，使他们的人生又有了希望，又有了奔头，都以亢奋之心跻身于科举"管道"，于是传授入仕经学的书院书馆及书塾学堂，如雨后春笋。

实际上，元时以私人学名开馆授业的现象更司空见惯，最多时达四万几千处，而明中期才一万几千处。这是因为，元朝廷与军队逃离中土之

---

[1] 佃户：向地主租地的农户。

际，不但带走了蒙古人，也卷挟走了不少汉人——至明中期，在籍人口方达到六千余万。而明的院、馆、塾，与元有本质不同。后者所教授，在废了科举的情况下，只能以艺技为主业，即谋生手段，如现在的"文艺培训班"；而前者，则又重新祭起了"修齐治平"的经世之道的旌幡。

唐诗、宋词、元曲的水平已各处巅峰，明的文人士子们皆知无望达及，于是他们之"文以载道"的能动性，逐渐转向了纵论时政方面。可以这样认为——明之文人士子，比起前人，是最"关心国家大事"的。这又因为，元是中国历史上异族统治汉人的朝代，以往一向是以汉人为中心的。所以明之灭元，意味着历史回到了"正轨"，是对整个汉人的拯救。此时的朱皇帝功莫大焉，怎么重新将国体设计完美了——许多文人士子都希望能在这机遇与挑战并存的历史关头，贡献继往开来的思想。

然而朱氏另有想法，更相信于自己的英明。他的设计是中央高度集权，连宰相也不任命，举凡一切政策法规，更喜欢产生于自己的头脑。

明是中国历史上由农民领导，靠农民起义所建立的朝代。所谓匹夫登基，草民称皇。这样的一个皇帝，治国理政的资质显然在各阶层内心里都是存疑的。尽管他在南京当皇帝当得挺有魄力，但那当的只不过是半片汉土的皇帝；如今当整片汉土的皇帝了，两码事。能力欠足，有待观察。此种情况下，若坐皇位的屁股尚没温乎，竟被杀了，且灭族了，历史结论很可能是——为国为民祛忧，除掉庸君；取而代之有理，另拥圣明也有理。而只要能顺利地将皇位传至三代以后，情况则不同了。那时社稷姓朱，便成共识。只要子孙当皇帝当得并不明显地昏聩无能，别人若起取代野心，顾虑将是很大的——历史结论将是"篡位""弑君"，都是大逆不道之罪名。此种事，曹操生前都不敢做，刘邦生前最怕他的"战友"们做，后来的曾国藩避嫌唯恐不及，皆因害怕在历史上留下"窃国""乱臣贼子"的骂名。

朱氏深谙此点，故其集权、专制，是要为子孙后代夯实皇基。无论是确有人觊觎他的皇位，还是他自己疑心过重无事生非，总之他不久剪除起"战友"来，做法心狠手辣，莫须有之织罪，他运用起来也易如反掌。

而以上两点，当然违背他一定要做明君圣主的誓言。明不明圣不圣的，不在他考虑的范围。目的却达到了，命官们特别是些个自作多情的文人士子，于是都缄默其口了。他们终于明白，皇上尊崇孔子，其实只是要臣忠民良而已。至于他自己，根本不打算做孔子的好学生。

集权也罢，专制也罢，对一个朝代的初定而言，效果却往往立竿见影。并且，他的某些国体设计和主见，在当时也算考虑独到，例如尽量避免战事发生，使民得以喘息繁衍；官吏俸禄标准亲订，以防滋生腐败；军费由国库直接拨给，以杜绝军方勒民现象；留在汉土的蒙古及其他少数民族，不得在本族间婚配。不论嫁娶，一方必得是汉人。以强迫方式，消弭民族仇隙等等。

然而封建制度胚胎里带着的劣基因，是无论多么英明的皇帝都无可奈何的。

到了明中期，问题显现了——明初，内外官员两万四千余人，到成化年，增至十余万；嘉靖时，全国每年供给于京师的粮食四百万石，仅各王府禄米却已达到八百五十三万石。即使年光持续良好，风调雨顺，每年的贡米也不足京师所需之半。只得通过"加派"，增收赋税，民不聊生，怨声载道。

不世袭，皇室及官僚大臣皆有意见，而世袭成律，必然失控，状况频出——晋王第四子庆成王，妻妾众多，生百子，俱长成。长子袭爵，余九十九子并封镇国将军——此明前朝代绝无之事。家世余荫，福泽无穷之代，且多为酒囊饭袋、行尸走肉之辈。"出则车舆，入则扶侍"，不能文，不能武，腹笥空空，不学无术。

世袭资格的巩固，须官场互相帮衬，攀权附势，结党营私之风于是盛行，潜规则遂成常态。而皇室的存在，却又不得不依赖此种常态的"忠心拥护"。

朝廷惯以门第用人，虽科举之制在焉，大批庶族出身的人才，很难通过那独木桥谋得一官半职。于是他们弃了儒家典籍，转而去向孟子、墨子、荀子的思想寻找慰藉，消解怨闷。

墨子曰："尚贤者，政之本也。""官无常贵，而民无终贱，有能则举之，无能则下之。"

荀子曰:"虽王公士大夫之子孙,不能属于礼义,则归之庶人;虽庶人之子孙也,积文学,正身行,能属于礼义,则归之卿相士大夫。"

明思想家黄宗羲著文痛批当时情况曰:"以我之大私,为天下之大公。始而惭焉,久而安焉。视天下为莫大之产业,传之子孙,受享无穷。""今也以君为主,天下为客。"——当然他的愤言是说在晚明,仅在小范围传播,否则性命难保了。

士林之"林",原本统称。明中期开始分化,晚期显然——仕途顺达者,依然视儒家经典为真圣真贤之书;对科举心如死灰者,逐渐自成一林,如蜂族之分巢。那分出的一"林",思想影响渐大,一言以蔽之,核心思想无非是孟子"民贵君轻"的思想。或许他们中不少人并非真的认为民应该多么的贵,与四百多年后蔡元培提出"劳工神圣"的口号,情怀未必相同。但他们表达不满,须有够高尚的理论支点,"民贵君轻""社稷共属",合其用也。而墨子、荀子的思想,才是他们之矢的。

士林中还又分出了一"林",将生命价值转向了小说——他们文化自信满满,能预见到自己所创作的小说,未必就不会成为传世经典,于是我们如今有幸读到"三言""二拍"《水浒传》《三国演义》《西游记》《封神演义》等名著。

明的文化形态,亦如元的文化形态一样,都经历了士人文化向庶民文化靠拢、转型的时期。元以曲为媒,明以小说为介。于文学,乃幸事;于哲学,是思想力的解构、消遣、娱乐化,且是落荒而走之事。

说到哲学,则不能不提王阳明的"心学"。我对所谓心学一向不持高蹈之评。在我看来,无非便是儒家思想糅合了些佛家思想元素而已——左不过劝官劝民对自身郁闷看透点儿,想开点儿,自我劝解地虚化了之。

倘言儒学的内容是人性人智之学,那么按古人"心主思"的逻辑,儒学当然也可以认为是"心学"。王阳明不过是将他所消化的儒学,换了一个概念,以佛学的方式细诠细释了而已。

心学对于明的统治是尽量不露企图的,甚为低调的帮忙之学。皇家的人明白,他自己也明白,彼此心照不宣。

孔子的思想,未必是起初便希望被当成治民工具的;王阳明的心学,未必不是起初便希望成为帮忙学的。

但，未必这样也罢，未必那样也罢，具体到对世道人心的作用，毕竟出发点都是阳光的、良好的，影响也肯定是正能量的。思想家生于封建时代，即使想帮哪一朝代减点压，何况是用贡献思想的方式，不能因而便视为统治集团的文化侍从。封建时期的文人士子，其思想能动性大抵体现于两方面——要么试图影响统治集团，要么试图影响世道人心。而影响前者，又往往比影响后者要难得多。在影响后者方面，因少或没有忌讳，亦往往能对人性做超阶级的分析与见解——正是这一部分见解，因超越了阶级，同时也便有可能超越历史局限性了，于是对今人仍有教益。故，他们就确乎当得起"思想家"三个字……

说说大清

现在，该谈谈清朝了。

清朝是离我们今人最近的古代，也是非汉人统治汉人的朝代，亦是先秦两汉以来，统治时期最长的一个朝代——后两点，信息量大焉。

在元之统治时期，汉人被外族所统治的屈辱心理几乎不曾减除。越到后期，越加隐强。故明之灭元，对普遍的汉人实乃大快人心事。

而清之统治，居然比明还长。并且，到清中期，反清复明的举动虽仍有发生，却式微近绝矣。至清晚期，统治者的昏聩无能、官场的腐败疲软、朝廷的横征暴敛、民间的生存疾苦已是不争事实，但——不论汉人官员或城乡汉人富绅或社会最底层的汉人，似乎都早已习惯了自己是大清臣民这样一种归属感。前两类汉人，其归属感还伴有荣耀。即使后一类汉人，辛亥时期被割辫子时，也宛如将被去势般哀伤。而不论在自愿的情况下还是被迫的情况下成了海外华工，对辫子一如既往地在惜难舍。

可以这样认为——辫子不仅仅是国籍的象征，还是甘愿归属于"大清国"的证明。若满人时刻不忘自己同时是"清人"，自有顺理成章的解释，但汉人同时自认是"清人"的意识，何以也会根深蒂固向来如此似的呢？

或曰：被统治久了，当然如此。

但，又何以偏偏清朝满人，对占一国人口绝大多数的汉人的统治反而最为长久呢？

或曰：统治手段阴险毒辣，必然结果。

但若细观以往历史，不难发现——元明统治，严酷程度超于唐宋；元明之间，其实难分一二。连朱元璋自己也承认，在用重典极刑一招上，与前朝相比，每有过之。

明之所以统治了二百七十六年，很主要的原因是沾了人口红利的光。明初的六千余万人口，至后期已逾两亿了。如此之多的人口，对经济基础起到不言而喻的支撑。而经济基础"造血"功能的殚精竭虑，使上层建筑的大厦得以较长期摇而不倒。如大船，哪儿漏补哪儿，延缓倾覆。

清不但使明原有的版图又扩大了，也使人口又增加了许多。而且，长城内外，皆为"大清"一统天下矣，烽火久熄，战事基本停止，仅西部时有军事冲突。于是，剧增的人口，更加得以从容繁衍。至嘉庆年，人口过四亿矣。

人口如此众多的国家，在当时的全世界已绝无仅有。内外相对安定的统治时期，自然也促进了农工商的全面发展。可以这样说，"大清"依赖人口红利而统治长久的甜头，是当时世界上任何别国的统治者不曾尝到的。

排除人口红利这一决定性因素，清统治者善用文化整合人心的统治之术，也确乎可圈可点。

客观原因是——清灭明后，面对南北统一的偌大国家，仅凭满人官员控制局面，委实力不从心。以汉治汉，确为上策。自汉朝董仲舒提倡废禁百家独尊孔学后，孔子大受敬仰的地位，其实自清始稳。唐宋元明四个朝代，或无暇顾及，或并不真的重视，总之皆不及也。清也没有掺和汉知识分子间历来的学术纷争，门派歧见，取一视同仁，统统为我所用的明智态度。"四书"仍恢复为"四书"，《孟子》又被解冻了。

结果是——明朝官员及文人士子，不但心稍安矣，且意渐顺矣。

康熙的方法，其诚几分？其术几分？纠缠此点，钻牛角也。

只能以结果论其方法的得失。

那么，他基本达到目的了。

继而，众所周知，在他的统治时期，开始了编纂《古今图书集成》与《全唐诗》两项浩大的文化工程。

此事也有极耐人寻思之点。首先，传达出这样的善意——那可本该是由你们汉人来通力完成的大事功，现在朕来了，咱们满汉一家了，你们珍惜的朕也自当珍惜，"好东西"都是"咱家"的了嘛，岂可不加珍惜？其次，要完成那大事功，我们满人外行，你们汉人才内行，当然应由内行来完成；朕做你们的"推手"就是，要钱给钱，要人给人，要权给权——这种绝对放手，绝对倚重的态度，不但为他自己树立了开明有胸怀的形象，而且为"大清"后来的统治也传下了一以贯之的方针性"遗产"——只要继续做着此事，满汉在文化上已成一家，便几成无可争议的定论矣。文化上已成一家了，那么"大清"再也难分究竟属汉还是属满了。

相关联的情况是，斯后，一批满腹经纶的汉人文史学者，每以进士学位，加入了浩瀚的文化工程，钻进文山，潜入史海，皓首穷经，无怨无悔，且引为无上之荣幸。因为，给待遇，给尊重。无缘跻身此列者，有抱憾终生之感。

如果做一份表格，以对比之法呈现直观效果的话，定会使我们今人诧然愕然——表格将显示，正是在同一历史时期，西方诸国不但在科技研发方面硕果累累，在文化特别是在社会学进步方面，也可形容为思想的火花四射。宛如吾国春秋时代的"百家争鸣"；思想先进的步伐却远远超越，不可相提并论也。

而反观吾国，表格之上，除了《四库全书》《全唐诗》及几位清代书画名家还有《红楼梦》《聊斋志异》《儒林外史》等小说外，留白令人汗颜。

文人士子的文化思想能动性，经元之镇压、明之打击、清之诱导，差不多等于被完全阉割了，奴化得软塌塌的了。

若据此断定清比以往朝代都特别来劲地尊孔倡儒，根本上是一大统治阴谋，却又未免过于阴谋论了。

窃以为，与历朝汉家"天子"相比，清皇帝的大多数，对儒家学说尤其是孔子思想的尊崇，或许确实真诚度多一些。这乃因为，孔子者，汉人也。经历朝历代之灌输，从士人到民间，未免有"噎食"反应矣。而对于清满人皇室，却如同一片新的文化天地。最深以为然者，恰是汉人已倒胃口的"君君臣臣，父父子子"之诲。

先是，努尔哈赤在北方建立政权后，为政权巩固计，忍痛幽死乃弟，处死亲子。且历睹草原各族王骨肉血亲之间，因争夺领导权，父疑子，子恨父，叔侄兄弟互相戮害，频生感慨。对于汉人这边改朝换代的血溅宫闱、手刃亲人现象，亦闻之不少，却只能徒唤奈何而已。他身边的汉人近臣，遂向其陈儒家思想片段，谨供参考。实际上，清灭明前，其皇族子弟中有望继位者，已对孔子略知一二了。这并不影响他们灭明的野心，反而有助于他们灭明前的文化思想准备。所谓彼一时，此一时，取所有用，弃所不用，活学活用。

凡皇帝者，无须孔子教导，"君君臣臣，父父子子"的伦理意识全都非常明确——君君之释，即我怎么当皇帝我百分百做主，毋庸任何人置喙；你们怎么为臣，也由我来定条款，都识相点；朕即为朕，父子之间，亦君臣也，故朕又是父皇，非一般百姓人家那种父；君臣之间，亦父子也。故为臣者，不论岁数多大，在朕面前，那也是子……

没有一个皇帝，不是如此这般来理解的。至于什么仁义礼智信，那是对百姓的教化，若也用来要求朕，简直就是"反教"了，大逆不道，罪该万死。

自康熙始，清皇室对子弟们的学业抓得是很紧的，如同当今望子成龙、望女成凤的家长。而皇室子弟们的学业亦重，殊少玩乐时间，亦如当今高考前的学生，却没人替他们呼吁减压。直至十八岁成人后，才终于从学业压力之下解脱，于是有那天生难成才者，纵情声色犬马，不求上进也。而成为皇位继承候选人的，仍需继续深造，如当今之学子读研读博，导师是不可少的人物。

皇家子弟的学业内容多门多类，不但要学满文，还要学汉文、蒙文；满史汉史，并教并学；"四书五经"之类，亦必学课程，绝非选修课；还要学诗词歌赋，学满汉民俗朝仪、祭祀大典的步骤；骑射是他们的看家本领，弓马之技尤得过硬……

培养一位全面发展的贝勒是不容易的；造就一位能胜任天下的皇帝尤其不容易，故他们的蒙师曰国师。清的每一位皇帝的背后，都曾有汉族国师的光辉身影，造就伟大皇帝的光荣，有汉人国师的一半。这使清朝的皇帝中，半数以上口才不错，文才也在超凡一流。佼佼者，引汉家之经据汉家之典，亦善侃侃而谈。面试新科状元进士们，出题每刁妙，汉人才子不敢轻视也。

在清早期，汉人子弟即使成功入仕，往往也仅能任文官，难掌军权。朝廷要职，还是基本控制在满官手中。满汉官员之间，即使职位同品，也互不通婚，足见他们对于皇室与贵族血统的纯正是十分在乎的。同为贵族，满贵族在心理上也常觉高于汉贵族。

"君君臣臣，父父子子"，其实并不能解决好清皇室的内讧。姑且不论雍正继位之合法性的存疑，其登基后，另外几个兄弟千真万确是被他借由害死的。也许正因为这一与皇位有关的原罪，使他的儿子乾隆更频繁地驾幸孔府，有次还带着母亲在孔府小住。他对孔子的尊崇，超前胜后。在住期间所封孔府官员，最多时"局"以上者达七十余人——当然，人家孔府后人也争气，都考取了证书的。但同等学力而服不成官政的大有人在。这也是没奈何的事，谁叫"大清"已是全世界第一人口大国了呢。

虽然将科举之文门向汉人子弟敞开，屡考不中者还是大多数。在文学作品里，家境好的，如《红楼梦》中的贾宝玉，如《官场现形记》的某公子，仍可过锦衣玉食——起码丰衣足食、拥妻揽妾的好生活。而一般庶家儿郎、落魄士子，人生便很惨，能进入豪门充当儒仆，算是命运挺不错了。不少人羞于现身市井乡里，隐向山林，过起了有文化的半野人的生活。但这也不仅是清朝独存之现象，以前朝代，基本如此。这是教育失败的现象，科举害人的另面，社会进步停滞不前的佐证。

然而皇室后人却在文化方面大受裨益。仅看历代皇帝批奏的文存，圈点精恰，或准或驳，文字见童子功；辞藻丰富，条理明晰，亦庄亦谐，颇显个性。即使没理找理，也还是充满了道理自信。那都不会是别人代笔。在批奏方面，他们还是亲力亲为的。

说到文字，清的皇帝们形成了中国书法的帝王体，横平竖直，笔触浑厚，架构紧凑，庄严肃穆，气质难仿。即便慈禧，也端的能写一手地道的帝王体，不服不行。

而乾隆，可谓清帝中的"诗帝"，一生作诗四五万首。劣诗肯定多半，但较好的诗句也必有之。

我是知青时，听一位北京老高三吟曰："万里长江飘玉带，一轮明月滚金球。"[1]——觉甚嘉，属工对，气象大，有画面感，也有动感。

问何人之句。

答曰："乾隆。"

后来得知，对方乃清皇族后裔。

而彼们中，善诗画者，不足为奇。

清的灭亡，内因外因，原因多多。腐朽了，落后于世界之林了，是谓主因。

但它怎么就腐朽了呢？

窃以为，规律使然。就是再英明的皇帝，有文武两班再忠诚、能力再强的大臣辅佐，文人士子们再懂事、不添乱，庶民百姓们再顺良、顾大局识大体，而且，日本也不挑衅，西方列强也不仗军火优势相欺——那它也还是要亡的。

缘何？

寿限到了。

封建之国体，好比人有寿限。初定如少年，中兴如青壮年，大抵生气勃勃，仿佛前途无量，而没有谁的青壮年期是无限长的。中兴一过，似夕阳西下，晚衰开始了——也没有谁能长生不老。此自然规律，不以人之意志为转移，不可抗拒。

此是封建国体的"天谴"基因。

是身为皇权接班人者，命运难逃之悲也。

---

[1] 关于此句的作者有争议，一说是明太祖朱元璋，一说是乾隆。

双面民国

1912年2月12日，清皇室发布逊位诏书：今全国人民心理，多倾向共和……人心所向，天命可知。予亦何忍因一姓之尊荣，拂兆民之好恶。是用外观大局，内审舆情，特率皇帝将统治权公诸全国，定为共和立宪国体，近慰海内厌乱望治之心，远协古圣天下为公之义……即由袁世凯以全权组织临时共和政府，与民军协商统一办法。总期人民安堵，海宇乂安，仍合满、汉、蒙、回、藏五族完全领土为一大中华民国……

此日，即为中国之民国时期的元年端日[1]。

该诏书词语衷切、表意恳恳，文言白话搭配妥当、不卑不亢，可谓一篇公告式美文。

先是，袁氏已由资政选举为总理大臣，由其协调各方势力，亦顺理成章。

当时之中国，又有哪几方势力呢？

其实，坚决要以军事行动推翻清王朝的核心力量，无非以孙中山、黄兴为一、二号领袖人物的革命党同盟会。同盟会中的著名人物首推蔡元培、章太炎。阎锡山亦是坚定分子，曾倡议培训一支"铁血丈夫团"，深获孙中山支持与信赖，并受孙之命潜回山西发展"同志"相机起义。同盟会已在南方各地起义数次，皆以失败告终，牺牲惨重，如广州七十二烈

---

[1] 1912年2月12日为宣统三年十二月二十五日。

士，如浙江徐锡麟、秋瑾之英勇就义。故革命军与清廷不共戴天，不达目的，誓不罢休。武昌首义成功，各地义军，纷纷响应。后初立中华民国临时政府，而或能担起保卫清廷重任的，唯袁世凯的北洋军而已。其他封疆大吏，皆按兵不动，对清廷既不再效忠，也不雪上加霜。对"革命军"既不相助，也不阻挡。坐山观虎斗，心机一样，都企图割据"自治"，无非都企图像战国时期那般自立为王。

袁世凯也并不真心保皇，不愿在与革命军的殊死较量中拼光了军队，因而丧失政治资本，自忖那样的下场最为不好。故入朝禀报战局时，当皇后[1]问何以能使她及少皇溥仪生命无虑时，他毫不迟疑、干干脆脆地回答：唯有退位。

有时人评论曰：革命军之前仆后继，不抵袁项城[2]寥寥数语。

此评未免夸张——没有革命军之前仆后继，袁项城又何出斯言？

但，袁的作用，确乎意味着逼宫迫退。双方千万军士，当时可延一死也。客观言之，此亦大德——尽管他有自己的算盘。流血的时代激变关头，拥兵十几万者，站队的抉择，联系着身家性命，不为自己考虑的人，毕竟是少数。

而那时的青年陈独秀著文厉语曰：1912年前所生之国人当死！1912年后之国人初生！

他的话的意思是，每一个国人，都应自觉地在人的进步方面，与清王朝一刀两断。

往后的事，不必细述。知者已知，不知者不知也罢。

下边所议，主要也是扼要地归纳文化思想力对那三千年来未有之变局的影响作用。

梁启超自言读龚自珍诗文时，有"如受电击"之感。而历朝历代之文官、文人士子中忧国忧民者，其振聋发聩之声，几多能真被皇帝们郑重对待过呢？所以他们诗文中的慷慨悲歌，往往也成为一个朝代行将灭亡的挽

---

[1] 此处应为隆裕太后。

[2] 袁项城：即袁世凯，因其为河南项城人，故又称为袁项城。

歌。大抵如此。区别仅仅在于——或者那挽歌"唱"得略早一些，或者边"唱"边见其大势已去，瓦解在即，不可救药了。

梁启超追随康有为疾呼改良迫在旦夕之时，大清运象更加衰朽，亡兆显明矣。

然慈禧统治集团对此点是否也看得分明呢？

有时清醒，有时昏聩。

利用义和团要给西方列强颜色看看，这是昏聩之策；未达目的，反成尸怖京城的惨剧，于是宣战，是昏聩的继续。《宣战诏书》曰："与其苟且图存，贻羞万古；孰若大张挞伐，一决雌雄。"哀壮倒是哀壮，但问题是——若放手任光绪实行改良，局面也许不至那样，或可为中华民族赢得缓吸定喘，再图振兴的时间。难怪当时的两广总督李鸿章发给盛宣怀、张之洞和刘坤一等重臣大吏的电报明确表示："粤断不奉，所谓乱命也。"

"一决雌雄"的结果自然是又一次"贻羞万古"，也就不得不又一次发布"罪己诏"，其诏对列强的"宽大"感恩戴德："今兹议约，不侵我主权，不割我土地，念列邦之见谅，疾愚暴之无知，事后追思，惭愤交集。""量中华之物力，结与国之欢心"一句，尤见其昏。她似乎拿"人口红利"当成取不尽用不完的金银宝盆了，仿佛可自然补损。

但肯下"罪己诏"，此举本身清醒也。

她恨议康有为："他们要改良，为什么不来找我？"——这话也有几分清醒，起码证明她自己也意识到了——不改良不行了。

接受建议，派大臣出国考察宪政情况——不管几分真心几分假意，毕竟属明智之举。

在七十大寿庆典前夕，下旨开赦"戊戌"事件在押犯，亦算明智；"唯康梁孙文三逆不赦"，实乃清醒、昏聩、任性与无奈交织的纠结心态。

清醒也罢，昏聩也罢，任性与无奈的纠结也罢，究其根由，源自"一姓之尊荣"与"兆民之好恶"的关系在她那儿难以摆正。

她对"一姓之尊荣"负有"天定"使命，若"远协古圣天下为公之义"，则必觉"负九罪于列祖列宗"，而这对于她是比一再"贻羞万古"更死有余辜、愧对天地的事。

一个女人，不得不与历史潮势对抗，想来谈何容易，亦可怜也。

而隆裕太后又为什么似乎"深明大义"了呢？

皇子尚未成人，众臣抱臂旁观，派兵无兵，点将无将，孤儿寡母，不逊位又待怎么着呢？

"予与皇帝得以退处宽闲，优游岁月，长受国民之优礼，亲见郅治之告成，岂不懿欤？"——这绝对是想开了看透了的心态。

却未免太迟了。

但——若中国在最佳时机便实行了"君主立宪"，比如在乾隆年间吧，其后所历肯定会是康庄大道吗？绝不会又退回到战国时期或"五代十国"之战乱难息的局面吗？

民国后的中国实况，恐怕会使谁都不敢给出肯定不会的答案。

或许只能说，历史的发展，有自身的时刻表。哪一时期或进或退，或退一步并两步，或小步退大步进，亦有自身因循之"道"律。

从1912年至1937年抗日战争在中国境内全面爆发，其间不过短短二十五年。

这二十五年中，中国之况悲欣交集，劫幸重叠，似乎道不尽说不完，似乎常道常新，常新常异——然窃以为，下面几方面事，不论何时，都必将能以正能量担得起"三千年未有之变局"的历史定论。

第一，文字应用功能的改良。

这当然要归功于胡适与陈独秀。胡适首开风气，独秀保驾护航。二人的关系，好比孙文与黄兴——"三民主义"革命之初，二者不可或缺。而"文学改良"运动之初，胡、陈实为一人的两种表情——"胡表情"的善意温和，有利于团结一切可以团结的人；"陈面目"的凛凛正气、怒目如炬，每令攻讦者有所顾忌。

"文学改良"之"文学"，远非小说诗歌之狭义，实际上使汉文字的功能与社会发展进步的关系突变，产生了也可以说是三千年未有的飞跃。

它使汉字在识听读（包括说）写四个基本方面，能较容易地普及底层民众——文言文时期，不识字的底层民众的文化悲哀在于，连掌控他们命运的官员及文人们的话语也听不明白。若两个官员当着一个底层人的面以文言合计是否要结果后者性命，后者完全可能像听外国语一样不知所云。而一个底层人即使穿上华裳丽服，只要一开口说话，立刻会暴露了没文化的短板。至于官方公文、布告，即使有人读给底层人听，倘无人讲解，大多数底层人也只能明白个大概意思。

就说清朝那逊位诏书吧——因是向全国全世界发布的公告，考虑到最广大的中国人能明白到什么程度以及各国翻译的效果怎样，已是自行采取了最白话的表达，但"商辍于途"之"辍"、"海宇乂安"之"乂"、"郅治""懿欤"之类字词，没有文言基础的人，不听别人讲解估计就不太明白了。尤其"拂兆民之好恶"一句，其"拂"虽用得妥帖，尊严有在，但"兆民"二字，委实含糊，绝不抵"四亿多人民"之具体的数字概念更触及人心。在此点上，文言的叙事弊端确乎在焉；每以形容代替数字的说服力——如"罄竹难书""血流漂杵""杀人如麻""汗牛充栋"之类成语可见一斑。

而白话文运动，实际上首先是在提倡政府、官员、知识分子，当以说最广大的民众听得懂的话为荣，而不是反过来以卖弄文字，使最广大的民众听不懂为能事，扬扬自得。即使著文，也主张以前一种态度可取。果而如此，知识分子与最广大之民众的文化距离易缩短矣；知识分子团结最广大之民众推动社会进步非一厢情愿矣；官僚阶层世代凭借"先天"般文化优势蔑视广大民众的统治"天理"，在文盲依然众多的时期，亦可被"白话"潮流的进步之道所抗衡、对冲，发生最初的文化总格局的嬗变——"想怎么说，便怎么说""怎么说话，就怎么写"——胡适之此言，含意深也。

它使汉字漫长的文言过程对文人士子造成的一种思维积习得以克服——那积习每体现于辞藻堆砌，用典成癖，非诗非词非赋非联，虽只不过是文章，亦求对仗，合辙押韵，字词鲜见，显示才学。其表意陈情，往往寓象高蹈，矫揉造作，华而不实，不接地气。此类文章写多了，久了，连人也华而不实了——白话文恰可医此症。

白话文运动之深刻、广泛、久远的社会进步推动作用，亦其功大焉地影响了中国近当代的教育方向——当时持教育救国思想的人们，借力于白话文运动，使他们的实践在中国大地上四处开花结果。首先，以白话文编辑的课本，使从小学到高中的学子，接受起各科知识来印象明晰。特别是物理、化学、生物等课，是无法以文言编得概念昭然、易教宜学的。即使语文一科，白话文的教与学，也为孩子们呈现了一片汉文字魅力依旧的新天地。那时有幸入学的孩子，不仅可以领略白话文课本与文言课本迥然不同的新内容，接受课本所传播的新思想、新道德与情操的熏陶，还有白话诗文可欣赏，白话歌曲可共唱。课文不必再要摇头晃脑、前仰后合地背了——从前某些不敬业的先生，只管督促着背，字性词义往往是懒得讲的，理由曰背得滚瓜烂熟了，年龄大了几岁，查查字典，自己就懂了。

有一例可证明此非编派——1952年，湖南大学评最高等级教授，资深教授杨树达与另外两位教授荣登其榜；杨树达甚觉羞辱，议二者之一曰："他连《中苏条约》极浅之文字都理解不透，何以竟与予同级？"[1]

1926年蒋介石在北伐誓师大会上宣读的誓师词，因求格式之工，每句四字，反而使豪情受拘。

誓师词曰："国民痛苦，水深火热；土匪军阀，为虎作伥；帝国主义，以枭以张……吊民伐罪，迁厥凶酋……实行主义，牺牲个人……丹心碧血，革命精神……"

1937年，其动员抗日之演讲，则又是一番意志的体现："我们已快要临到这极人世悲惨之境地，在这世界上，稍有人格的民族，都无法忍受的……我们不能不应战，至于战争既开之后，则因为我们是弱国，再没有妥协的机会，如果放弃尺寸土地与主权，便是中华民族的千古罪人……战端一开，那就是地无分南北，年无分老幼，无论何人，皆有守土抗战之责任，皆应抱定牺牲一切之决心。"

因为做到了想怎么说就怎么说，可谓直抒胸臆，其演讲反而句句铿锵，掷地有声。少了陈词，多了真挚。

从1926年到1937年，蒋介石在汉文字的应用方面也与时俱进矣。

---

[1] 据杨树达《积微翁回忆录》载："……（他）并《中苏条约》极浅之文字看不通，亦评第六级。余提议应减，无人见信也……"

总而言之，白话文之教与学，使中国的公学与私学教育，一并呈现前所未有之朝气，如霞光初灿。

第二，谈教育，绕不过蔡元培。

蔡元培任教育总长时，拒不执行袁世凯要求从小学到中学、高中、大学皆须置孔子像，纳"四书五经"内容为教材的指示，宣传应以美育阻止所谓"儒教"的推行。被免职后，便继续办私学，并著书阐述自己的教育主张。

若言蔡元培是中国近代"新式教育"的总设计师，大约歧异有也不多吧？而他任北大校长后，因北大之教育一向处于风口浪尖，其作用或可形容为北大之"伟大的纤夫"。

他关于"超轶乎政治之教育""技能教育""公民道德教育""身体素质教育""美感教育""普及教育"等现代教育的基本思想，不但在当时深受中国教育界认同，中华人民共和国成立后乃至今天，"德智体美"全面发展，也仍是教育要求，并仍符合世界进步教育的理念。

为倡导公民道德教育，他还亲著了《中国人的修养》一书——即使当时，被公议配写那种书的中国知识分子也寥寥无几。

"世界上的大学校长，在某学科的建设卓有贡献的不乏其人，而能领导一所大学对全民族全社会的进步产生巨大影响的，迄今为止，除了蔡元培再无第二人。"

杜威当时对他的评价，可谓客观准确。

其可贵处还在于，身为国民党元老，却坚决禁止本党分子发展党员的行径活动于北大。不论教师学生，皆不网开一面。而对于学生中的涉共活动，虽心有不悦，然学生一旦因而被捕，却又积极营救。

一方面，当学生罢课分明将有大的政治举动时，他劝止无效，竟声色俱厉曰："我要与你们决斗！"

另一方面，当学生果而入狱，却多方奔走，积极串联对当局的抗议。一俟营救成功，且自掏腰包，向学生供餐压惊。

其不但称得上是中国当时的教育之父、北大之父，亦可称为北大当时学子之父也。

关于蔡元培对中国近现代教育的贡献，各种评价都不言过其实。却有以下两件事，值得赘议。

其一，反对确立什么孔教以及禁止在校园促推孔子崇拜，无疑符合教育总长正当职责，但"四书五经"，毕竟属于学生亦应有所了解的传统文化知识，也严禁讲学，不似其兼容并包的襟怀。

窃以为，其意气用事，或许主要缘于对袁世凯的反感吧？袁氏乃火中取栗，窃国民革命成果者，作为身心投入地参加国民革命的同盟会元老，对袁氏的蔑视当属情理中事。而袁氏一死，他任北大校长不久，便诚聘辜铭鸿、刘师培、黄侃、陈汉章、梁漱溟等以尊孔为己任的"旧派"人物入北大任教，讲授国学——这便又自行地矫了"过正"之"过"了。

其二，蔡元培一生光明磊落，坦荡无私，身后名清白无诟病，纵腹诽者亦不敢贸然成文字。迄今为止，仅留一个谜团，即最后一次辞校长职的简短声明中，除言极疲惫，竟引一典是"杀君马者道旁儿也"[1]。此典甚陌，知之者无多，坊间一时议论纷纷，不知"马"喻何人，"道旁儿"辈又指谁等——此惑一朝有解，对于研究他当际心境，必大有帮助耳。

与大学教育景象相对应，陶行知尽毕生精力于乡村小学教育的实践，亦值得今人心怀大的敬意。其所面对之生源，绝非乡绅富户子弟，大抵清贫人家少年，甚至收纳流浪儿童。这使他的办学，具有了显明的慈善色彩。

教育是强国的根本，小学是教育的基础——他的教育理念，完全符合教育的体系规律，也是对梁启超"少年强则国强"之思想的行动化。

在到处兵荒马乱、农事难为、民不聊生的岁月，他的努力谈何容易，每为经费所愁切。尽管他和学生们开荒种地，自足菜薯，仍经常共同挨饿。好在学生虽然多为少年，但出身贫苦，对农事并不外行，能给予他坚守的欣慰。间或有捐助接济，然非定项支持，时有时无。

较之于蔡元培任北大校长，陶行知的坚守可谓筚路蓝缕，躬奋行之；

---

[1] 杀君马者道旁儿：亦有言"杀君马者路旁儿"，语出东汉应劭《风俗通义》，意为：路旁的人不停地赞美马会跑，骑马者不停地鞭策，马最终筋疲力尽而死。

然其属于越挫越奋人也。比蔡元培省心的是，他的学生因年龄稍小，不会卷入学潮；不如蔡元培洒脱的是，孑民先生动辄辞职，十年间辞职七次之多，且次次是被恭请才归的。陶行知是自己在办学，若辞职，他的学生们也就不再是学生了，甚或又成了流浪儿，故只有坚守。英年早逝，实因多年操劳所致。

陶行知——他可以说是一个被中国近现代乡村民办小学累死的人；一位甘愿以一己之努力，为中国草根阶级的孩子们在知识化的坎坷路上提灯照明的教育殉道者。

吾国吾民，实不应仅仰蔡元培，仅知梁启超那句"少年强则国强"的名言，却淡忘了陶行知其人。果而如此，负国义民义也。

黄炎培曾经蔡元培介绍加入过同盟会。蔡元培于清末辞官办学时，黄炎培也曾求学其名下，故二人有师生谊，亦师亦友关系。黄炎培得以考中清朝最后一批举人，显然受益于恩师的国学功底。而他后来一度致力于兴办中等"技能学校"，也显然是为了推行恩师"技能教育"的主张。

黄炎培运气好于陶行知，他回家乡办学时，受到一位石匠出身的富户的鼎力相助。对方的发达过程，类似现在农民出身的包工头的发家史。黄一公布消息，对方立即奉上了九万多银圆，那在当时是一大笔钱。并且，对方还命自己的儿子成为"技能学校"的第一届学生。自然，黄的两个儿子，也为其父起带头作用。那由石匠而成了富人的人死前将家产整合，除了留一小部分供后人度日，竟凑齐二十万两白银捐给黄炎培，以做办学固定基金——可谓厚资，保证了黄炎培的办学事业较为顺遂。

细析之，不论办私学公学，办学人的知识出身，实为要点之一，办"新学"也不例外。甚或正因为办"新学"，尤其重要。虽然"旧学"模式已江河日下，但旧"学位"的含金量，还是被坊间民间所极看重的。进士出身的前清翰林且任过教育总长的蔡元培为弟子黄炎培出任校董，且黄本人亦是往后不可再生的举人，这些非同一般的前提，不是任何办私学的人所能相提并论的。

蔡元培之于黄炎培，恩师之扶持影响力的确在焉。

与资助黄炎培办学的"义石匠"相比，南洋华商富贾陈嘉庚对家乡教育事业的慷慨资助，使他成为当之无愧的爱国华侨楷模与领袖。1913年1月，清廷逊位的第二年，他便全资在家乡办起了小学。之后，接连办成了幼稚园、中学、师范、水产及航海专科学校，并为各学校设立了图书馆、科学馆、体育馆、美术馆、音乐馆、礼堂、医院、银行等，形成了当时国内规模最大的院校村，也可以说是国内独一无二的教育基地。

清廷最后一位学部侍郎严修及最后一位状元张謇，在中国近现代教育事业进程中的作用，也都举足轻重，南北互映，世人公认，史不能阉。众所周知，张同时又是当时举措风生水起的实业家，而严为南开大学创始人张伯苓的知遇贵人。借力于民族资本主义笋芽迅长、青竹勃生的优势，中国近现代教育之图景轮廓渐明。"一时多少豪杰"六字，用以形容彼时局面，不算枉论。"豪杰"者，不仅指达人名士，当然也包括百千万孜孜办学的无名而有迹的人。若谁遍觅从前的县志、乡志，定可惊讶地发现，几乎县县必有那样的人，半数以上的乡存在过他们办的私学。许多人正是"新学"毕业的学子，办学既是个人谋生方式，客观上也繁荣了中国近现代教育。只要是一所有规模的学校，便有权自编教材，自立章程，自定检验教学质量的标准。

第三，新文化运动，也推动了中国近现代报刊业的发展。

报章和书籍内容通俗易懂了，识字且关注国家之事的人多了，报刊的受众自然多了。仅当年的北大学子，胡适的学生傅斯年与同窗们编的一份学刊，经年便发行到一万余份。此事亦足见蔡元培身为校长的爱才眼光，他热忱支持，拨发可观经费以促其成。

报业尤其兴旺的上海，当年某条街上，即有报馆多家，牌匾接目呈现。一方面解决了文科学子的就业问题，一方面使舆论监督有了可以形成合力的新闻与评论平台。使"乱臣贼子惧"——孔子修《春秋》的初衷，在后来的当时，几成中国气候。并且，由而产生了一批著名的职业记者与报业家。连瞿秋白任中共领导人前，也曾以记者闻名。其他报刊与出版业重量级人物，有历史常识的人皆知晓，举不胜举，略过可矣，不赘述。

第四，新文化运动，进一步促进了中国女性的知识化、社会化、人格及精神之独立意识。

实际情况是，在新文化运动前，早有女性先驱们为此努力了——1898年，谭嗣同之妻便与康广仁（康有为一弟）之妻合办了《女学报》[1]，于是产生了中国近代第一份女报，由三十多位女性担纲主笔，影响逾国。此外，出现了《女子世界》《神州女报》等女性办、女性撰文、面向女性的报刊。到1907年，仅天津一市，女子学堂已多达一百二十余所。论新文化运动的潮流，不可不提女性先驱们的首勋。因白话文的易懂便写，使中国妇女解放运动"好风凭借力"，也是事实。除女性报刊的增多，面向儿童少年的报刊也出现了深受他们喜爱的新种类，如《小朋友》《儿童时代》《少年时代》。

第五，最为"好风凭借力"的，当然更是文学。

白话小说、散文、诗与杂文、时评政论、小品文、读书随笔、文学艺术评论，争奇斗艳，你花开后我花发。报刊与文学互利双赢，确可以"繁荣"二字形容。自然，文字交锋鏖战与"口水仗"此起彼伏，民主与民生言论层出，文化与文明主张常见，各种主义之宣言激荡、冲突、共存，比春秋时期还要芜杂多元，像极了西方的文化启蒙世纪。白话文也使中译外、外译中变得较为得心应手，促进了中外之文学的、文化的、自然科学和社会科学的互相了解、介绍、欣赏、借鉴——总体来说，因为中国落后的方面多，西方现代文明的方面显然，西风东渐远超过于本土文明与文化成果的输出——在后一点上，最有资本一傲的倒是保皇心至死不泯的辜鸿铭，因为他用英文翻译的古典诗词与古文化经典最早最多……

综上所述，民国时期似乎便是近代中国之一个最好的时期了？

实则不然，以上只是文化及思想景象单方面状态，或曰仅是近代以来知识分子特别是文化知识分子单方面的感觉。但一个国家、一个时期，好与不好的史论，也要看最广大的人民大众的感觉如何。

从史中难以觅见他们直接留下的记忆。

幸而有人可以替他们间接留下印象——便是民国之父孙中山。

---

[1] 1897年，李闰（谭嗣同之妻）、黄谨娱（康广仁之妻）倡办成立中国女学会，并创办了《女学报》，主笔为康有为之女康同薇、梁启超之夫人李蕙仙等。

辛亥之后，孙中山曾悲言："溯夫吾党革命之初心，本以救国救种为志，欲出斯民于水火之中，而登之衽席之上也。今乃反令之陷水益深，蹈火益热，与革命初衷大相违背……"

这乃因为——袁世凯死后，民国政府班子更乏实际权力可言。清廷时的封疆大吏，曾因其逊位，一度摇身一变成为民国之地方长官。他们碍于袁氏毕竟是逊位诏书中指定的组阁人，并且自己成了大总统，虽皆心有不服，却也都不便公开竖起反旗。但袁世凯一死，群龙无首，中国再度陷于"领导班子"半虚空的局面。新军阀们其实都乐见此局面呈现——或企图据省独立，拥兵为王；或生更大野心，觊觎大总统宝座。一时间，所谓"自治"舆论，再次甚嚣尘上。而军阀麾下经常发生哗变、分裂、叛离的情况，于是如鸡生蛋，蛋生鸡般，衍化出众多小军阀，也割据一方土地，占领一座或几座城市，过诸侯王之瘾。鲁迅诗"梦里依稀慈母泪，城头变幻大王旗"两句，正是当时国家局面的逼真写照。军阀们之间互不安生，你欲吞并我，我欲消灭他。军阀战争，遂成民生大患，土匪趁隙滋生，更使黎民深受其害。军阀欲剿收土匪，以充兵源。土匪也袭击军阀部队，抢军火，掠给养，以壮大自己。是故，使黎民苦不堪言之事，兵灾第一，匪祸第二，自然灾害第三。

自然灾害不可避免，但若天灾人祸并加于民间，民间苦难重矣。从晚清到民国，民间历经惨乱，又遭八国联军攻占北京之烧杀，继而历经北伐及后来的军阀混战，已可谓千疮百孔、哀鸿遍野了。清末时期，背井离乡之民多时已达千几百万，至民国近两千万矣。初是逃灾避难的流民，渐变为有家难归的游民。游民所到之处，居无定所，生无稳业，有堕为盗者，有沦入帮门者——于是帮会发展有声有色。

凡帮会，或易进严出，或严进严出；总之一旦进了，出来就不由自己了——凡此类帮会，性质上其实便是黑社会。

东西南北中各路游民，隐裹着形形色色的帮会组织，所到之处，不论城乡，都使民间太平日子更加稀少。士农工商，皆难避兵、匪、帮会三害叠加之苦。

前所述民国之种种曙光般的新现象，如币之一面，而另一面，如人间炼狱也。新现象在大都市，炼狱似的一面，在民间的最底层。

蒋兆和的《流民图》，是当时画家用画笔留下的现场性的历史画像，而鲁迅的小说《肥皂》也对人口买卖给出了证言。

至于文化，在民间的最底层中，传统的已然瓦解，现代的尚未成形。

再至于文艺，实际上接近是没有了——乡村的普通农家的孩子，不复再能像鲁迅小时候那般看到社戏了；小镇的劳动大众，也很少有幸在茶馆听段评书了；二三级城市的中产人家，家里能订份报看连载市民小说的，就算是少有的文艺欣赏与享受了。

民国的另一面，在《阿Q正传》《祝福》《孔乙己》《茶馆》《春蚕》《包身工》《为奴隶的母亲》《月牙儿》《骆驼祥子》中……

难怪乎孙中山发出那种悲怆之言；

难怪乎蒋介石对军阀笼络与憎恨交织；

难怪乎底层常有人叹曰：还不如大清朝年光好的时候！

中国之文化启蒙，实际上，"五四"之前已成景象。严复所译之《天演论》，未尝不可以视为第一次文化启蒙的"破冰事件"，其影响远超过其他翻译书籍或文章。由是，乘风者众，或出于开启民智、易变民习的真诚，或只不过为了成名获利。

梁启超斯时著文，认为"欲新一国之民，不可不先新一国之小说。故欲新道德，必新小说；欲新宗教，必新小说；欲新政治，必新小说；欲新风俗，必新小说；欲新学艺，必新小说；乃至欲新人心，欲新人格，必新小说。何以故？小说有不可思议之力支配人道故。"

梁氏文风特点之一，便是每将观点推向极端。其所言"人道"，亦非仅指人道主义，而是包括人道主义在内的全部做人准则——那些准则，《三字经》《千字文》《弟子规》等蒙学读本中不是一再宣扬了吗？孔子思想、《朱子家训》、经史子集里，不是也一再强调了吗？

然而梁氏看出了问题——只教诲得了学子，难以深入民间。

应该说他看得还是比较准的，但问题的另一面是——小说足以救国乎？若国还是老样子的国，民又怎么能靠新小说而如其所愿成为新民呢？

有怎样之国，亦有怎样之民——他回避了这样一个辩证关系。

他所言的新小说，是相对于《三国演义》《隋唐演义》《水浒传》《七侠五义》《封神演义》《西游记》《聊斋志异》《红楼梦》等古典小说以及与之相关的评书、戏剧的一种概念。

附和其观点的有两种声音。

一种予以发挥，以法国为例，认为"今日法人之安享共和政体之福，皆小说诸家之所畀"。

这种附和，强调文化启蒙促进了法国大革命的功绩；与梁氏貌和，其"道"相左。

一种予以深究，认为如上小说、评书、戏剧，皆毒化民心之根源，"其文采愈足以自饰，则其流毒愈深极远"。——于是自成小说害民亡国论。这不是梁氏本意。梁氏虽鼓吹所谓新小说足可新民，但还不至于极左到认为旧小说、评书、戏剧都该一扫而光的程度。

反对梁氏的声音也是有的，同样从国与民的逻辑关系上表达质疑。

一个事实确乎是，在关于小说的大讨论时期，新小说如雨后春笋般多起来，从政治小说、侦探小说到冒险小说、言情小说、苦命小说、复仇小说等等，种类极为繁多。因广受欢迎，报刊每登广告以高酬求稿。而最为盛行的乃翻译小说，因为是西方国家的现代小说，对于中国人似乎最符合新的概念。

20世纪20年代时，某些风华正茂的革命家也曾是文学青年，瞿秋白发表过很"布尔乔亚"的抒情诗；方志敏发表过小说；张闻天的诗作和散文频频见报，并且翻译了不少外国文学作品。今人对陈毅的律诗已不陌生，而他当年发表过多首特抒情的白话诗。

那时，有三座城市，最能从政治、经济、文化三方面折射出时局动荡、民心涣散、四分五裂、难以整合的中国形态。

北京朝野内外，仍在为中国的体制问题而各派角力，明争暗斗，每每刀兵相向。致使古都上空，经常乌云密布，官民各界，每每人心惶惶。

广州人则有两类——一类一门心思将革命进行到底，一类趁乱捞钱，官倒民倒齐踊跃，猪往前拱，鸡往后刨，不但贩货，而且贩人。

上海因为租界甚多，占足开化风气之先势，遂成新文化丛生之地，书肆林立，皆以专出新小说为招牌。翻译小说的广告最为抢眼，读者最多，销量最畅，读新小说几成一切识字之人的时髦追求。这种态势，迅速扩大向江苏、安徽、浙江周边三省。新戏剧也如火如荼，良莠参半。

后来，生理卫生书籍大行其道，尤其《保精大论》《男女交合新论》之类"性爱宝典"成为许多识字青年的枕畔书。

而于这等出版业的发达盛况中，"哲学"一词也进入了中国文化知识分子们的视野——黑格尔、叔本华、卢梭、孟德斯鸠、伏尔泰、尼采等名字，频频现于学理报刊，致使章太炎、梁启超、王国维等学界"大腕"，一再著文予以阐释、批判，每起论战。他们还要抽出精力来，关注市民阶级的读书倾向，指出哪些书是出版界哗众取宠，只为赚钱而出的"垃圾书"，而哪些书才真有科学知识普及、人文启蒙的价值，以肩"文化导师"的使命。结果常引火烧身，树敌成靶。总之，都够忙的，够累的，够操心的，够忧虑的——大约，也觉活得够充实的。

想象一下当时上海的情况，那种文化热的局面，似不逊于20世纪80年代以降的"新文学时期"，与后来中国网络时代的"自媒体"情况可有一比。那似乎是一个没人管的文化时期，也分明是一个人人言论权利平等的时期。什么名流、前辈、师长、同窗、新交旧好，理论起来，没大没小。总体上，就事论事言理的多，损辱人格的现象少。

对于清末的上海本地人，所谓"政局"似乎是这样的——清朝廷虽然尚在，但与"阿拉"何干？它派驻留辫子戴顶子穿袍子的官员吏役，实际上对本地的管辖权非常小。"犯法"二字，在上海有两重意思：一指犯清朝的法，二指犯租界的法。犯清朝的法可逃入租界暂避一时，若租界洋警局不配合，清朝的捕头们干没辙。若犯了租界的法，那在上海就无处可逃了，清朝的上海官想不管都不可以，洋警局绝不会答应。是故，情况变成了这样——上海虽是中国之城，但上海地方官在当地是低于洋官员的二等官；清朝的法是低于租界法的二等法；清朝的执法者是低于洋警察的二等执法者。"大清"的官员以及法和执法者，在自己国家的城市沦为二等了，也就难怪上海人不怎么拿"大清"当回子事了。在上海人看来，所谓"大清"，只不过剩下了个空架子而已。若革命党真能将它的命给"革"了，上海人像大多数汉族人一样是乐见其成的。若一时还做不到，上海人也不是多么地急。十八年都等了，再等十八天还是有那耐心的。因得开化风气之先，上海几无心有保皇情结的人。也因得开化风气之先，上海之多数人，不分阶级地，对"大清"的腻歪远胜别省市的人，对自己那种腻歪的忍性，也远高于别省市的人——毕竟，"大清"的腐朽气、没落气和焦虑烦躁的晦气，离他们较远，对他们的辐射已微乎其微。

前边所谈的文学现象、理论现象、出版现象——广而言之，文化现象，形成于上海，如形成于香港一样自然。实际上那现象比香港还生动、活跃、色彩斑斓，因为香港当年不曾云集了那么多的文化知识分子，仿佛全中国的老中青文化知识分子多数集中到上海了。

后来相对于"京派文化"的"海派文化"之说，细思忖之，其基本特征，或曰与"京派文化"的最大区别，似可概括为"自如"二字。此特征，即使在论争最严肃并且似乎特重大的问题时，也给人以"举重若轻"之感，而不会出现什么黑云压城更不会出现什么剑拔弩张的局面。

似乎也可以说，在辛亥革命之前，在上海，"大清"已名存实亡了。

抚去文化的文艺的现象看旧上海，其当年的全貌像当年的旧中国一样，也分分明明地呈现着撕裂状态。

英国作家阿尔多斯·哈克里斯曾这样评说上海："没什么地方有比那里更刺激的生活可以想象了。"

20世纪20年代时，上海已近三百万人口。

它有众多的企业家、成长中的中产阶级、具有各种主义和思想的青年、大学生。

作家、画家、音乐家和电影制作人估计并不少于纽约、巴黎。

20世纪80年代，外国电影史学者看了三四十年代的上海电影，惊叹水平之高完全可与当时的国际水平相提并论。

当年，全中国一半以上的公交车、私家车在上海。

它是经营着全中国一半以上对外贸易的巨大港口，有中国最大的船坞；

它是中国最主要的工业与金融中心；

它拥有中国一半左右的工厂，四万多名工人；

外国在华投资的三分之一融入上海经济链条。

上海发电厂是旧上海活力的象征，茅盾的小说《子夜》描写过其厂房顶上的霓虹灯光，火红与荧绿色闪烁着几个英文大字——"光明、热情、权力"。

它是大量小商人、小店主和代理商的温床。外国商业大亨和形形色色冒险家的涌现，使上海在资本主义商业化的光环之外，又佩戴着殖民地现代化的徽章，而租界是那种徽章的城市造型。仅法租界就五十万人之多，但法国人只不过一千四百多人，外国人总数不超过两万——这从一个侧面可见上海当年的富人之多。

但当年上海的穷人更多，成千上万人租住在污秽不堪的河流上的小船舱中；工人们往往三代居住在小巷口的旧危房中，露宿街头的乞丐比比皆是。他们像牛马一样劳动，挣少得可怜的钱，完全没有尊严和生命保证可言。纱厂里的女童工们经常被热水烫伤。一位外国记者在报道中这么写——看到有起码一百个婴儿在弥漫的水汽中躺在长凳上，而他们年轻的母亲是贿赂了工头才将他们偷偷带入车间的，她们没办法。

穷工人的出路几乎只有两条——要么加入黑帮寻求庇护，要么暗中接近共产党发誓改变社会。

那名外国记者引用外国谚语说："上海是由一层厚厚的地狱和一层薄薄的天堂组成的。"

如果说上海发电厂当年由霓虹灯组成的"光明、热情、权力"象征着一座城市的貌相，那么，它只实现着极少数人的梦想，与众多中国人的梦想是无关的。

全中国的人都没想到，辛亥革命会结出袁世凯称帝的劣果。牺牲了那么多仁人志士的性命，流了那么多好男儿的血，用民间的话说："不承想弄出了个这！"

严复对"大清"的感情并不比王国维浅；他是连君主立宪都不赞成的人；他当清朝的官当得很有感觉，也很尽职；他主张改良，而改良是为了"大清"能重新强大起来；他认为比起元、明两个朝代，清朝的总体表现是不错的，二百六十多年[1]的统治并非是暴政凌民的一贯统治；他为"大清"的灭亡扼腕叹息。在写给朋友的信中，诅咒梁启超这个君主立宪主义者罪该万死——"小说救国论"实际上起到的是使"大清"速亡的"坏"作用。

梁启超得知后反唇相讥：是他翻译《天演论》先带了个坏头！

而在王国维看来，他俩是一路货色，都是唯恐天下不乱的人。

而在北伐革命将士看来，大时代的潮流当前，文化只分三类——革命的、不革命的或反革命的，而三人都介于不革命和反革命之间。

后话是——王国维的死，与自己心谙此点不无关系；傅斯年主持民国政府中研院，为梁启超之子梁思永向财政部打申请补助的报告时，还不忘在文中加了一句："人家的父亲虽是我们的敌人，但其在文化传承方面毕竟多所作为。'逻辑'一词是其发明，仅此一点，即可谓贡献……"

"敌人"二字，意味着在国民党核心人士那里，前账是无法忘记的。但傅氏毕竟非是彻底的政治动物，相反，是骨子里的知识动物、文化动物，故其看人，首先还是着眼于知识与文化方面怎样，不能不令人觉得可爱。

而国民党元老蔡元培任北大校长期间，不但连自己明知是共产党人的陈独秀、李大钊也聘用，连死不悔改的保皇人士辜鸿铭也"收编"了过去，其为民国所做之"文化统战"工作，真是堪称卓越。

如果说袁世凯称帝开了中国人一次冷玩笑，如果说北伐又使国人看到了国家翻开历史新篇章的希望，那么发生在上海的"四一二"事变，则一下子使中国跌入了"革命"后的恐怖深渊。

上海曾经"自如"发展的文化局面，从此戛然而止。"海派文化"也随之面目全非，仅成历史话题矣。

连当时主张"为文学而文学"的"新感觉派"的主力作家们，都因那"恐怖"的气氛而离开上海，各奔一方了，足见那事件对于文化人是多么

---

[1] 此处疑以清军入关计算（1644—1911），为268年；以努尔哈赤建立后金计算（1616—1911），为296年；以皇太极改国号为清计算（1636—1911），为276年。

巨大的刺激。

是故——被国民党人视为"敌人"的梁启超们也罢,被共产党人视为"敌人"的胡适们也罢,先被国民党视为"敌人"后来又被共产党视为"敌人"的许多文学的、文化的人士也罢——说到底,其实都不具备成为任何政治集团的敌人的能量。

单靠文学、文化肯定是强不了国的。

若一种政权瓦解了,如清朝、如民国,也不可能仅仅因为文学、文化起了破坏作用,一定有其自身不可救药的原因。

举凡革命,则必号召暴烈的行动,否则无法制胜;而举凡文学,大抵遵循人性立场,违背则遭谴责——此二者之核心主张的根本区别。

举凡革命,皆需昭示理想,于是必维护高尚激情;而举凡文学,总是面向民间,于是每见现实之常态——此二者之"规定行为"的不同。

即使拥护革命如雨果、高尔基者,后来都与革命发生意见分歧,正是由于以上两种原因。

"存在的即合理的。"——此言不但适用于解释革命,也同样适用于解释文学、文化。

21世纪的中国,若能以超乎以往任何时代的包容性看待文学与文化,则新时期之新又加分也。

女娲和夏娃

女娲也许是中国之第一个女性艺术形象吧？即使这一点并不能得以肯定，另外一点也是完全可以肯定的，那就是——她的诞生比中国有文字记载的神话要早许多许多年。

在中国神话传说中，女娲是伏羲的妹妹。而伏羲乃雷神之子。此雷神当然非是《封神演义》里那个背生双翼、青面雕喙、善以杵石发雷电击人的"雷震子"，而是另一类雷神。古书上记载他"大迹出雷泽，华胥履之，生伏牺"。这伏牺，便是伏羲了。女娲既是伏羲之妹，同时也便是雷神之女了。

伏羲"蛇身人首"，这便与希腊神话中的某些精怪相似了。但伏羲"有圣德"，于是品质上区别于精怪；有神职，被尊为"东方木德之帝"，亦称"东方天帝"。

女娲又是什么样的呢？

《山海经·大荒西经》云："女娲，古神女而帝者，人面蛇身，一日中七十变。"[1]

兄妹俩一个"蛇身人首"，一个"人面蛇身"，显然"基因"是相同的。

伏羲"师蜘蛛而结网"——是网的发明者。而"女娲做笙簧"——是最早的乐器的发明者。兄妹二人，各有起码一项重要的古代发明"专

---

[1] 此为东晋学者郭璞为《山海经》所作的注解。

利权"。

盖"笙"字，谐音"生"也，象征万物"贫地而生"。似乎，从女娲的发明还能分析出她头脑中有某种模糊的大地崇拜意识。当然，也可以认为有着繁衍滋生人类的朦胧冲动。

汉代时期的壁画中，已出现"伏羲女娲交尾图"了。

但是，伏羲、女娲，首先却不是汉人的神，而可能是苗族古代氏族的图腾。

大约到了唐朝，伏羲、女娲才进入汉文字记载。李冗[1]的《独异志》中这么讲："昔宇宙初开之时，只有女娲兄妹二人在昆仑山，而天下未有人民，议以为夫妻，又自羞耻。兄即与其妹上昆仑山，兄曰：'天若遣我兄妹二人为夫妻，而烟悉合；若不，使烟散。'于是烟即合，其妹即来就兄。"

是汉文字改变了伏羲和女娲的蛇身形象，使他们是完全的人了。

于是，中国神话中的伏羲、女娲，几乎便等于希伯来神话中的亚当和夏娃了。

在希伯来神话中，亚当和夏娃，虽非兄妹，但性未觉醒，裸而不以为羞。双行双栖，形影不离，关系如同兄妹。

这一点证明，无论早期的东方文化还是早期的西方文化中，人类对于自己祖先的想象，其实是很相近的。思维的雷同，意味着愿望的比较一致——世界上第一个男人和第一个女人之间的关系，原本是兄妹或差不多等于是兄妹。人类乃这样一男一女的后代。

我们从这比较一致的愿望中，似可分析出早期人类对于"男女平等"的普遍认同。

区别是——伏羲、女娲兄妹配为夫妇，乃因"世遭洪水，仅存此二人"。

而亚当和夏娃，却是由于共同偷吃了禁果，被上帝驱逐到还未有人类存在过的世上来。

---

[1] 李冗：唐人，又记李元、李元、李尤。

共同的是——渐渐地，女娲的名字越来越流传广泛，声誉越来越高，越来越受到尊崇；正如夏娃的名字越来越流传广泛，越来越成为"女性"一词最权威也最被后世一切男女公认的代词。

而伏羲和亚当，似乎都降为配角，知名度渐渐归于寂寞。几乎在只有提到女娲和夏娃时，才附带地联想到他们。

女娲便无疑是中国人的始母了。

夏娃便无疑是西方人的始母了。

中国人也罢，广而论之东方人也罢，以及西方人也罢，又为什么唯尊其母，冷淡其父呢？显然，与人类共同经历过的母系社会有关。但这还不足以说明问题的全部。

我想，人类的潜意识里，大约一直存着一种本能的、代代袭承的、女性崇拜的古老意识吧？这与弗洛伊德总结的"恋母情结"有相似之处，也有区别。弗氏总结的"恋母情结"主要是男性的"情结"，而且与性意识关系密切。人类古老的女性崇拜意识，却基本上与性无关，或言关系甚微。它主要还是体现为对女性的恩与德的崇拜，即对"伴侣"的崇拜。不分男女，这一种崇拜都接近着本能，好比海龟一出壳便往海边爬，是先天的。

古代的，不都是"封建"的

一

中国是历史悠久、人口众多、文化遗产丰富的国家。古希腊文化曾经影响过欧洲，中国古代文化（包括文字）也影响过亚洲诸国；并且，如古希腊文化一样，影响是正面的。

二

人类的文化成果是不断积累的过程。积累的过程，自然便是扬弃的过程。而扬弃的过程，使作为遗产所保留的部分，基本上具有优良品质。好比当代人为了提高居住水平，一再改造、装修，按照新的意愿布置自己的家——但没有谁家将一切旧的东西全扔掉，都换成新的，那不符合大多数人的心性。世代居住过的家，总有些东西是舍不得扔的，这是感情原因，比如老照片；也总有些东西是不能扔的，比如先人留下的手写家训、遗嘱、父母的日记或一件祖传文物……若将这些扔了，那一人家将成为"失忆"之家，不消说这也不符合"家"的属性；"失忆"的人不会因而活得更惬意。

凡成为文化遗产的文化，大抵具有以上两种特征；起码具有其一。

故所以然，从逻辑上说，没有什么绝对的旧文化，也没有什么绝对的新文化。进而言之，没有从前，便根本没有现在。新与旧，是此中有彼、彼中有此的关系。不可能像砌隔断墙那样，将二者截然分开。而是像鱼鳞瓦，重叠性成为规律。

三

对于中国古代文化，长期以来，某些国人惯持双重标准，并且苛刻的标准，往往对内而不是对外。

比如——谈到古希腊文化，特别是谈到古希腊哲学时，即使历史局限性所导致的片面显而易见，也会客观地说——那又怎样？别忘了他们生活在古代！总之能有那种思想已很伟大，不影响他们是伟大的思想家这一事实！不惟对古希腊文化、哲学如此，对几乎一切西方的文化、哲学也大抵如此。

这当然是正确的态度。

但在谈到中国古代文化、哲学时，往往便缺乏以上正确的态度了，习惯于一言以蔽之曰："封建思想！"

封建思想是一回事，封建时代的思想家是另一回事。

即使我们对中国古代，或曰各封建时期的思想家们的思想稍加浏览（还不必认真研读），也不难发现，他们既被历代公认为思想家，其思想果然各有高度，真知灼见纷呈。不但在自身所处的时代形成影响力，而且也都难能可贵地体现了不同程度超越封建时代局限性的标志。

这后一种思想力，是中国文化遗产中更优质的遗产，是值得我们当代人继承和发扬的遗产，是值得我们认真解读、借鉴和应用的。

四

倘一个人以向社会贡献思想力为己任，二十年后被公认为思想家了，此种文化现象乃属常态文化现象。也许，又二十年，其人连同其思想，便在历史的长河中灰飞烟灭，甚至会在思想史上被否定。但，如果过了两百年，其思想仍对后世后人产生积极影响，那么他就称得上是跨世纪的思想家了。如果过了两千余年，其思想仍对后世后人具有某些积极影响，那么，他就是一位经受住了漫长历史考验的思想家了。而其思想的某些部分，分明超越了所处时代的局限性，具有穿越历史的特质，则是不言而喻之事。不能这样看待古代思想家的人，其实未解思想之价值。反之，则会抱持敬意地承认这样一种事实——中国古代思想家们的阵容，绝不小于古希腊时期的思想家阵容，思想总成果的广度和深度，二者也是等量齐观的。

五

中国古代文化遗产中，确有一部分论及治国理政：论及"邦交"亦即当代之外交，论及体恤民生亦即为人民服务，论及选用人才亦即干部任免，论及取自于自然回报于自然亦即环保，论及官品亦即"反腐倡廉"，论及"国之四维"亦即社会公德……

"精兵简政"便是古代的治国理政主张；

"十羊九牧"便是古代思想家对庸官多多、人浮于事现象的尖锐批判；

凡民皆有所居，民病皆有所医，少年有所学，中年有所务，老年有所依，鳏寡孤独有所助，便是古代思想对好社会的描绘……

而以上广为人知的、信手拈来的例子，在古代文化遗产中比比皆是。非但没有过时，对我们今天实现中国梦仍有益处。

但，文化不是万能的；思想只能指引行动，不能代替行动；古代文化遗产尤其不是万能的，只有与现代的治国理政思想接轨并融入现代思想之中，方能起到当代人所希望的良好作用。

国家的文艺气质

世界各国曾被从制度上划分，后来被从经济发展水平划分。

是否也可以从文化方面划分呢？

我觉得也可以，并且确实被这么划分过。制度不同，文化自然打上制度的烙印。从前我们说别国的文化是资本主义文化，修正主义文化；说一切古代文化是封建主义文化，都应被抵制，态度坚定决绝。

俱往矣。

20世纪80年代不但是中国改革开放的初始，也是世界开始变"平"的初年。世界不是一下子变"平"的，也不仅仅是靠电脑和手机变"平"的。自从人类开始懂得在文化方面应该互相尊重的道理，世界就逐渐在往"平"了变了。中国从20世纪80年代在此点上表现主动，中国又是人口大国，故可以说——中国对促进世界变"平"是有贡献的。

20世纪80年代的时候，多部美国电视剧在中国播放过，其中一部是政治片，黑色幽默风格，讽刺政客的。台词中，有两个词每被说到——一曰"微速发"，一曰"微次发"，每被是议员的男主角在不该说错的场合说错，于是引出一连串"黑色"情节——前者指经济快速发展的小国，后者指经济发展水平很低的小国。那位议员一向主张的外交政策明显地嫌贫爱富，遭到女儿一针见血的批判。

地球村的国家现象太特别了——十万人口以下的小国有数个，人口最少的小国才一两万人左右。大抵是岛国。多在美洲、非洲，欧洲也有。人口百万左右的国家则多了。若在古代，这样一些小国是难以存在的，要么被吞并了，要么会干脆被灭。它们在当代世界的安然存在，证明人类的确进步了。

在20世纪80年代，百万人口左右的国家，不论经济发展水平良好、较好或不好，在文化形态方面都有一个共同的特点——所持基本都是"文化自然主义"发展观，这很符合中国古代哲人特别是老庄们"顺乎时宜"的思想。

"时宜"者——当下只能做到什么程度，所以应该怎么做的主张。也不仅是国家主张，还是人民的态度。

在那些百万人口左右的国家，宗教向来是核心文化。文艺是文化外延。有的国家并无本国文字，新闻出版业非文化主体，文艺之"文"成就有限，但是它们却能将"艺"的功能最大化地予以利用。如果不是与旅游发生关系，世界很少报道它们的情况。如今旅游已成人类爱好的潮流，故20世纪80年代至今，它们的旅游业收入逐年增加，国计民生都在不同程度地向好。有的国家还被大国人视为"世外桃源""人间福地"。

在它们那里，从不讨论更不争论什么是文化，什么是文艺，文艺能不能代表文化；在它们那里，文化广泛体现于民俗风习、节庆活动，而此两方面，又相当情愿地继承了传统；有特色的歌舞表演、俗习呈现，以其精彩而可持续地吸引外国游客。

它们因为小，在一切方面从不参与世界性的竞争。"争"在它们从国到民的字典中仿佛不存在似的。它们只是切实地做，从容不迫地做，一如既往地做，于是越做越好，越有特色。由于不争，反倒每给别国人一种自信的印象。别国人特别是大国人到它们那里，几乎都会有种不同寻常的感觉，便是少浮躁焦虑之气。

它们与传统的关系是那么地亲，继承愉悦，绝非被迫。它们与现代的关系也是那么地紧密，一切现代的益处，都尽可能地被接受和享受了。

我很欣赏它们的"文化自然主义"发展观，很尊敬它们循着符合各自国情的文化发展道路的从容而明智的选择。

从长远看，它们的文化发展道路，必将熏陶出一小部分不同于当代大部分人类的新人种，即不争而自适的人类；此新人类不同于安贫乐道、故步自封的人类，乃是既能与时俱进又能进取有度的人类——相对于全世界国与国之间愈演愈烈的方方面面的竞争，它们的存在似乎具有置之度外的超前智慧性——人类的生存形态在许多方面日新月异地变了，唯独在国与国争、人与人争一点上，从没变过，离"天下大同"的理想还很遥远。

当然，并非所有小国都已是理想国；半数那样。它们的人民，多半之生活幸福感，绝不低于经济大国的人民。

世界上还有些国家，人口在五百万或一千万左右。其中某几个国家，却能在各方面令世界仰慕。用时下中国年轻人的话说，那些国家很"厉害"——它们的"厉害"也充分体现在文化、文艺方面。

在它们那儿，文化是文化，是以文字成果为概念，以思想比重为前提的；而文艺是文艺，是文化的演变现象。它们从没发表过任何文化宣言，世界对它们的文化主张知之甚少，只能以它们的文化现象就事论事。

比如奥地利——面积八万多平方公里，人口八百余万，才是北京现有人口的三分之一。

奥地利是德语国家、天主教国家，罗马天主教为国教，同时也是工业经济发达的国家。

奥地利人崇尚文学、音乐、绘画、雕塑、建筑艺术。他们曾经产生过的文学流派很多，绘画与雕塑艺术的流派颇多，在造型艺术方面达到过令世界公认的高峰。读书、听音乐、看歌剧是他们主要的爱好，首都维也纳有"音乐之都"的美誉，多位世界级的音乐大师在那里度过创作和演出时光。维也纳新年音乐会久已蜚声全球，每年都有近十亿人收看电视直播。

普遍的奥地利人对文艺的选择态度都近乎严苛，他们的标准一向是欣赏价值而非娱乐口味。这使任何旨在以娱乐性高而大赚其钱的文艺，面向奥国都根本打不开市场。倘以国家为集体在全世界选"雅人"，奥国人的排名肯定靠前。其八百余万人中，至今已有十八人获得诺贝尔科技成果奖。解剖学、神经外科学、矫形学、心理学等多种学科的先驱人物都是该国人。第一位奥地利人获诺奖距今已九十年，那时奥地利才五百万人口左右。

"一战"和"二战",也使奥地利国民经受了严重的创伤。

他们后来究竟是怎么做到的?

我试图给自己一个明白已经很久,却一直想不大明白,只能从逻辑上并非多么自信地推断——某类宗教之传教场所,方式具有显然的诗性和既肃穆又愉悦心灵的文艺性,如优美的管风琴声、童声唱经班、民间自发组织的诵经活动、友善互助的教义要求,长期影响一代代人,使人们自然而然地形成了亲近优质文艺的共同习性。此种共同习性,进一步决定了其文艺的优质性,遂成基因,生而有之。这种对优质文艺的共同的亲近,使劣质文艺在本国没有自生环境,由外来也会遭到共同排斥,于是造就了一部分文艺爱好方面具有典雅倾向的人类。这部分人类的共同特点是——对文艺的欣赏愿望远大于娱乐愿望,并且喜欢与家人、恋人、朋友共同欣赏;独处之时喜欢读书,对书的选择也像对文艺的选择一样排斥劣质。他们远行时总是会带着书籍,在周围皆"手机控"的情况之下,一点儿也不会因为只有自己一个人在读书而不自在。他们在别国观光时,身处喧闹之境,眼见刺激场面,自己也大抵不至于因之表现亢奋,只不过会情不自禁地镇定地拍照。所以他们的国家人口虽少,人口素质明显的高。

世界上类似的国家很有一些,如丹麦、瑞典、瑞士、芬兰、挪威、爱尔兰、匈牙利等。这些国家的人在性格上并不都像奥地利人那么具有"文艺贵族"般的气质,但他们对于优质文艺的偏好,对于庸俗无聊的文艺现象近乎本能的排斥,与奥地利人却是一样的。

这不表明他们是拒绝欢乐的人类。

也不意味着他们在文艺接受心理方面有什么洁癖。

他们只不过是一些欣赏愿望远远大于娱乐愿望,并且欣赏水平已无法再降低下来,使自己成为庸俗无聊的文艺受众的——人类。

即使同样是欧洲国家,同样是以天主教为主要信仰的国家,民风民俗以及所养成的民族性格也会大不相同。如比利时,并未定天主教为国教,但一千余万人口中,百分之九十信奉天主教。与绅士做派十足的奥地利人相比,他们显得喜欢热闹。比利时三五日就会有一次集市、节日或嘉年会,五花八门,内容都少不了文艺表演。比利时的民间文艺社团是世界上最多的，仅首都布鲁塞尔就五百多，以合唱团、乐团、剧团、绘画与雕塑爱好者为主。简直可以说，比利时是世界上将文艺与民间生活结合得最密切的国家——但该国并无什么文艺的产业链，人们也不考虑文艺产业化的问题。他们喜爱文艺，是相当纯粹的喜爱，与商业目的关系不大。至于吸引了更多的外国旅游者，那是客观结果，非主观的目的。在旅游淡季，他们该热闹也热闹——因为那是为自己快乐，非是为了快乐给别人看。

他们为什么会那样呢？因为是世界上人口密度最高的国家之一吗？谁知道呢。果而如此的话，那么似乎可以推导出一个规律，即人口密度越高，人对娱乐的心理需求越大；倘普遍生活还算不错的话。

与奥地利人倾向于欣赏高雅艺术这一点相比，比利时人对文艺的态度是雅俗并包，一视同仁。但所谓"俗文艺"，在他们那里是指民俗色彩浓郁，欢乐指数较高。像奥地利人一样，他们难以容忍庸俗无聊。化装成马戏团小丑的杂技表演是兼容并包的底线。我曾问过来自比利时的友人，他们是否喜欢英国"憨豆先生"的滑稽小品表演？

不料他们都说不喜欢，因为没有文艺含量。

他们又补充说但喜欢"憨豆先生"主演的几部电影，因为有文艺含量。

文艺终究要有些"艺"的含量，并且终究要恪守"文"的底线——比利时人对此点特坚持。

若将国家人口扩大到一亿及一亿以上，那么巴西人的文艺观是不能不说一下的。

巴西的国土面积比中国少一百多万平方公里，但人口比中国少十二亿多。他们对足球运动的热爱举世闻名，对歌舞的喜欢也发乎性情。他们的节假日也很多，在一年一度的狂欢节上，装饰有彩色大羽毛的巴西女郎们风姿绰约，美艳四射，永远吸引旅游者们的眼球。

这样一些寻欢作乐起来仿佛个个都是酒神儿女的人类，在日常待人接物方面，却又都是那么地彬彬有礼，极其注重言行及一举一动的得体。除了与人约见时可能会迟到，别国人很难再挑出他们在社交方面的不得体来。

巴西人又没从小都学过《弟子规》——他们为什么会表现得都像按《弟子规》教导出来的人一样？

娱乐氛围浓重的社会习俗，为什么不但没有消弭掉这个国家的人们工作和学习的上进心，反而极其显然地有益于他们的大多数在现实生活中不畏困难，自强不息；并且大多数以人助人为乐，遵守公德为习？

如果我们将目光投向澳大利亚、加拿大，则会发现当代人类与文艺的另一种关系——去除低俗之后全面接受的关系。这两个国家由于地广人稀，文艺现象难以形成欣欣向荣的局面，主要集中于首都，而且并不活跃，这使它们对文艺最能持一种寻常看待的心理，从不会因为自己国家的文艺不够繁荣而自卑，也不会因为本国人对任何外国文艺的喜闻乐见而忧心忡忡、焦虑不安。他们的文艺理念特别豁达，对一切国家的文艺出现在本国都持欢迎态度，但绝不会为此买单，也绝不会为了任何目的发出主动邀请。两国人到外国旅游，经常带回外国文艺的音像制品和书籍，以便日后仍能经常欣赏。年轻人之间，也互赠音像制品作为示好礼物。许多家庭都有专门保存外国优秀文艺音像制品的橱柜，每向客人展示。两国人民都十分热爱自己的传统文艺，也十分重视传统节日。在传统节日里，各自的传统文艺表演声色并隆，带给本国人民极大娱乐——这里不得不谈一下人类对娱乐的需求指数的不同——有的国家的人民表现得十分强烈，有的国家的人民，欣赏需求远远大于娱乐需求。他们从不通过文艺市笑，也从不会以花钱买笑为人生必需。不但澳、加两国人如此，英国、法国、德国、意大利、俄罗斯、荷兰、匈牙利、挪威、智利、波兰，还有其他许多国家的人都是这样。他们的生活并未因此而少乐趣，他们通过别样的爱好使自己的生活更加丰富。如澳国人对体育的热爱；加拿大人对冰雪雕塑艺术的情有独钟；荷兰人对花和园艺的热爱；俄罗斯、波兰、匈牙利、挪威、智利人与文学和书籍的亲密关系——在后几个国家，别国人很快就会找到文学知音，于是融入某个民间的文学爱好者群体。

以上国家的人们，对文艺之事，也基本上持"自然发展主义"的理念。细审之，全世界绝大多数国家的人们之文艺理念，基本如斯。而且，都能在文艺自给自足方面做得令本国人满意。他们从无文艺自卑，也从无文艺自负。

日本在成为亚洲经济腾飞"四小龙"之一的年代，文艺"走出去"的劲头特足，韩国紧追其后，也极欲在"软实力"方面吸引全世界眼球。今天看来，韩国当年真使别国眼前一亮过的，只有电影。日本除了电影，还有文学争光过。如今，这两个国家的文艺也皈依了"自然发展主义"的理念——这进一步验证了老子"夫唯不居，是以不去"的观点有一定道理。归根结底，文艺虽可为"术"，不可"唯为术"。文艺的生命力首先体现于各国民间——民之所好低，使高之；既高，使恒之。并且只有在此前提下，才有益于达到人类文艺"各美其美，美美与共"的大和谐局面。

美国是一个坚持文艺强力输入主义的国家吗？

定睛细看，除了电影，美国其他文艺并没有一概成为世界主体现象。即使他们真有此心，也根本不可能如愿以偿。

但美国人对文艺的需求量确乎是全世界最大的。在欣赏和娱乐两方面往往都表现得分外热切，所以美国文艺的繁荣或衰退，首先是自给自足的情况所决定的。

美国总喜欢向别国推行的更是它的政治文化。某些美国电影中确有此元素，但目前看，这样的美国电影实际上越来越少了；美国电影总体已在娱乐至上、票房为王的不归路上走了很久了，而这使它产生了不少垃圾片——许多连美国人自己都既反感又无奈。

电影不同于其他任何艺术，商业属性再明显不过，并且最容易被商业利益所牵引，形成所谓产业链条。

美国电影如果再度衰败，对美国确实是个不小的事——一者会极沮丧，二者会导致产业链条断裂，使一部分人失业。但即使在美国，与电影界发生直接或间接职业关系的人，也毕竟是少数，不会使失业率有明显浮动。

目前正是美国电影的"维稳"时期。

美国电影会衰退吗？

盛极必衰，肯定会的。

估计，最早在2020年底，便会衰兆显然。

而美国电影衰落之际，将是别国电影振兴之时。在美国商业大片的冲击之下，世界别国电影的优点，的确已被遮蔽得太久了——到了该让人类看到不同类型、不同风格不同内容而又同样好的电影的时候了。

我盼着这一天的到来。

即使这一天真的到来了，我也还是要向美国电影业致敬，感激它曾经为世界奉献过许多好电影。

目前，中国电影也在邯郸学步，亦步亦趋地走在娱乐至上、票房第一的路径上。

但这几乎是难免的。

娱乐至上未必皆属烂片，成为经典的为数不少。若同时具有令人耳目一新的文艺性，票房表现肯定不俗。不得不承认，美国电影将两方面结合得特别老到，其歌舞片与喜剧片成就尤为突出，如《出水芙蓉》《红磨坊》《一个美国人在巴黎》《家有仙妻》《拜见岳父大人》等。周星驰的《功夫》和《大话西游》之所以极受内地青年喜欢，也因片中糅入了另类文艺片元素。而实际上，某些电影很难以娱乐的或文艺的来界定，如《楚门的世界》《摇尾狗》《西蒙妮》等。正因为难以界定，美国将片种分得很细。尽管如此，还是难以界定，如《金刚》《阿凡达》。所以，具体来讨论一部电影究竟属于娱乐片还是文艺片并无必要，也没什么实际意义。

应该引起思考的是以下几点：

一、本国电影界是否存在着娱乐即意义、票房即"真理"的电影观？

二、是否由于观念的过于商业化，导致了电影的种类比出现娱乐片泛滥的单一局面，因而使电影院接近于是一个专门逗乐子的地方？

三、是否由于电影的商业目的过于明确、强烈，一个时期内的文艺片成凤毛麟角？

四、是否由于此种情况，致使受众特别是青少年受到不良的文艺影响，欣赏的品位由而下降？

客观而论，中国的文艺形态其实从没那么糟过。在从前，在某些国家，比如在20世纪60年代至80年代的美国、日本、韩国，都曾出现过黄色表演泛滥，垃圾"文艺"几成公害的现象。但从90年代起，全世界的垃圾"文艺"现象迅少。有各国管理措施所起的作用，也有人类文艺自觉所起的作用，甚至可以说后一种作用更大些。这乃因为，20世纪90年代以降，旅游业在全世界空前兴旺了；垃圾"文艺"现象，非但不能使一个国家的形象在旅游业的发展中得到提升，反而足以使一个国家的形象在别国人心目中失格。旅游业也是国与国之间文艺现象的公展，人类的文艺自觉意识由而跨越式进步了。放眼世界，一个自身观看品位低俗的人，如今即使遍游各国，想要寻觅到垃圾"文艺"现象已非易事。

中国的文艺现象虽然从没那么糟过，但某一个时期确曾出现过令人担忧的情况。

2016年以来，状态明显改变。先是电视中的"俗气"不见了，随之网络上的垃圾"文艺"少了。栏目还是从前的栏目，但风格变了，气质变了，思路变了。前几天我无意间看到了某电视台的一档节目——男女青年歌手拜小孩子们为师，向他们学京剧，学民歌，并由孩子们点评自己的跨界表演水平——觉得耳目一新；某台也有一档节目是《超凡魔术师》，吸引了海峡两岸的一些青年魔术师比赛技能，娱乐性较强，却也不失可欣赏性，优雅的文艺气质在焉。

中国之民族多，人口多，青年多。中国当代青年中，有文艺细胞、热爱文艺、喜欢表演的青年层出不穷——中国之电视文艺现象，已经悄然发生了一种改变，肯于将更多的时段、平台，提供给层出不穷的文艺青年们了。所谓明星大腕占领电视文艺频道主体时段的局面，正在成为过去时——而这是我支持的改变，认为是好现象。

对于我们中国普通社会成员，特别是青年，又特别是来自各行各业劳动第一线的青年，通过各方面的平台展现文艺才情，或与青年文艺工作者同台展现，我都是抱着喜闻乐见的态度的——此种文艺现象，对中国广大青年培养起良好的文艺接受品位，具有功不可没的贡献。

八十几年前，以蔡元培先生为首的一些中国文化人士，提出了以"美育"育人的主张，并且竭力推行。那时这一主张不可能是面向全民族的主张，只能先从教育领域开始。以后的小学教育，有意识地加入了文艺学内容。以后的中学和大学，学子们组织文艺社团的热忱高涨。

但从前的中国，苦难接踵。他们的主张，难以全面实现。而我对于他们当年的主张，其实一直困惑不解，认为未免将文艺的作用一厢情愿地放大了。

后来，我对文艺与人类精神进化的关系思考得多了点儿，深入了点儿，才开始对他们的主张的初心有了进一步理解。

不仅蔡元培先生们那么主张过。

车尔尼雪夫斯基也为提升普遍的老俄罗斯人民的精神面貌提出过同样的主张。

而西方国家曾经发生过的文艺启蒙运动，说到底，一言以蔽之，也是为了提升人的精神面貌，使人在精神进化方面受益于优质的文艺。

而一个事实是，不论是那时的老俄罗斯还是西方国家，宗教文化的影响都很深远——这也间接证明，人类的精神进化问题，仅靠古老的宗教文化之影响是难以达成的。

另一个事实是，细看某些国家的人民在近当代的精神进化史，会获得一种非常可信的印象，那就是——优质文化的作用与经济发展成就、国家进步情况的作用三位一体，同等重要。

今日之中国，已非从前之中国。

今日之中国人的精神面貌，当与欣欣向荣的国家面貌相匹配。

奥地利等国的今天，不太可能是中国的明天。人口多寡悬殊，人与文艺的关系不必强求一致。

巴西、印度这样的国家，也不太可能是中国学得来的。民族性格差异显然，中国人没必要非变成那样。

但，如果在我们的同胞中，对文艺怀欣赏需求的人口越来越多了，仅仅渴望满足娱乐需求的人口少了一些，又少了一些，前者终于成为绝大多数的时候——那么，一个中国人从国外旅游回来，若谈到感受，也许就不再会说："他们的大人孩子，和我们的大人孩子太不一样了。"而可能会这么说："城市不一样，农村不一样，至于人嘛，与咱们也没什么不一样的。"

绝大多数人满足于娱乐，极少数人有幸能亲近于欣赏——这是从前的人类与文艺的关系。

欣赏为主，娱乐为辅——这是现如今绝大多数人类与文艺的关系。

人类的精神需求确实已经上升到了此种层面。

但这并不意味着文艺将越来越去娱乐化，只不过意味着娱乐的概念不同了——娱乐将永远在文艺中占有一席之地，并以新概念下的比以往更多的形式，融入更多种旨在满足欣赏的文艺中，使欣赏与娱乐在文艺中相映成趣。而国与国之间的文艺成果，将在欣赏与娱乐两者相结合方面，体现异彩纷呈的水平。

并且我预见，再过二三十年，人类与艺术的关系必将发生前所未有的改变——一部分新人类将成代地而不是凤毛麟角地产生——他们除了是脑力的或体力的劳动者，同时是能最大程度地文艺自给的人类——他们或喜欢读书、写作，发表文艺评论；或喜欢唱歌、表演，成为民间文艺团体的参加者；或喜欢绘画，制作各种各样的手工艺品；或喜欢服装设计，园艺；或更愿意在曾有过的种种类文艺经典中消磨工作之余的闲适时光……

那时，包括电影及电视文艺在内，都将因人类自身的精神进化，而改变当下的存在方式。

贰

文以载道

中国之蒙学现象

中国之蒙学现象，未尝不是文学现象。世界各国的古代都有蒙学教育实践，但能流传下蒙学读物的国家不多。中国自唐以降，蒙学逐渐发达。随着科举制度的完善和稳定，蒙学越来越受社会各阶层重视。

今天我们所能看到的，多是明、清蒙学读物。《幼学琼林》专设"科第"一章，有句如下：

其家初中，谓之破天荒；
士人超拔，谓之出头地。
中状元，曰独占鳌头；
中解元，曰名魁虎榜。
…………

进士及第，谓之雁塔题名。
…………

一旦荣登前甲，则可享受到皇帝"琼林赐宴""临轩问策"的最高规格礼遇——此乃蒙学受重视的首要原因，也是古代孩子们发愤图强的最大动力，无非是为了实现官服加身、光宗耀祖的人生价值。一概的蒙学，皆不讳言此点，一致正大光明地予以宣扬、激励，与今天家长老师激励孩子争当学霸，誓考重点大学没什么两样。世界在许多方面变了，在某些基本方面，其实一如既往。只不过，学成了精英，出人头地的选择比古代多了。

蒙学起初是家学。家学可能由父辈亲任导师，也可请有学问的名士任家庭教师。而能做到这两点的，其家定非一般家庭，不贵则富。古时的所谓"书香之家"，未经三代以上的公认，担不起那种雅谓的。往最起码了说，那也得是"耕读之家"。"耕读之家"的家长，必是乡绅，全家人自己是绝不耕也不种的。

鲁迅和蔡元培，他们的家都曾是晚清的官宦之家，故他们都有幸接受过家学熏陶和馆学教育。鲁迅的馆学老师是资深秀才，蔡元培的馆学老师是饱学的举人。至于康有为、梁启超，也都是"官二代"。

若受家学无望，入馆学无门，则只有"凿壁偷光""聚萤作囊""头悬梁，锥刺股"了。

王羲之的书法启蒙老师居然是一位皇族公主[1]，这等家教大腕，天下有几人请得起呢？

科举从教育体系的指导思想上奠定了中国漫长的封建社会的"官本位"思想，使之根深蒂固，影响直到近当代；蒙学可谓"从娃娃抓起"，反过来使科举制度固若金汤——这是二者不好的方面。

但设身处地想一想，古代也不可能有比科举制度更公平的一种教育制度。并且，放眼世界来看，全世界的教育制度，在较公平地录取一点上，基本原则仍是科举原则。中国之科举制度，后来显然落后于别国的教育体系，不在于公平原则出了多大问题（客观论之，历朝历代在制裁教育腐败一点上，每是有腐必究的）——它的落后，主要在于教什么、怎样教，引导学生为什么学，怎样择优录取等方面出了严重问题。简言之，学科建设和评价体系长期落后。

以蒙学而论，虽然也涉及天文、地理、物性、农事、社会、历史，但只是兼顾而已，并不作为考和学的重点。并且，知识老化，每将科学与神话混为一谈，如《幼学琼林》之"天文"一章有言：

---

[1] 王羲之的启蒙老师为东晋著名书法家卫夫人，据说她是王羲之的姨母。

> 气之轻清上浮者为天，气之重浊下凝者为地。
> ……
> 月里蟾蜍，是月魄之精光。
> ……
> 后羿妻，奔月宫而为嫦娥；傅说死，其精神托于箕尾。
> ……

"箕"者，星也，后人也释指彗星之坠光。

总体而言，蒙学中"天文"之"文"、"地理"之"理"，与科学概念的"天文""地理"区别大矣，主要是告知了与天、地有关的文字现象，如：

> 旋风名为羊角，闪电号曰雷鞭。
> ……
> 列缺乃电之神，望舒是月之御。
> ……
> 望切者，若云霓之望；恩深者，如雨露之恩。
> ……

说来惭愧，读了《幼学琼林》，方悟近代"雨巷诗人"戴望舒，何以名为"望舒"——倘是自取，必读过《幼学琼林》；倘家长所取，其家必很重视传统蒙学。

传统蒙学虽存在知识内容的极大局限，但文学色彩却十分浓重，故完全可以视为古代文学现象的一种。在文、史、哲三方面的结合，也堪称包罗万象，触类旁通，极具通识色彩。简直可以这样说，若一个人十二三岁前将大多数蒙学读物的内容铭记得烂熟于胸，了如指掌，那么将来在文言的应用方面，肯定优于别人。

当然，传统蒙学中的历史性知识，不能完全与近当代的历史知识同日而语；所谓"哲"，也非是近当代的哲学概念，大抵是仁、义、礼、智、信、忠、孝、节、勇、和等关于人格养成的说教。

"忠"是从来争议极大的道德标准。历史上不乏昏君庸君暴君，而且文化上一向以"忠君"来阐释"忠"的定义，使"忠"的道德标准常受诟病。

但如果细读蒙学读物，则会发现一个令人深思的现象——几乎没有关于"忠君"思想的宣扬。"忠"在蒙学中的定义，基本上是"精忠报国"的意思。所列举人物，也大抵是"苟利国家生死以，岂因祸福避趋之"一类典型。也就是说，蒙学读物中的"忠"，是以爱国思想为根本的，与"忠君"没甚关系。

这证明，蒙学读物的作者们，本身谁都不愚，思想也特别与时俱进。他们明白，蒙学事关国家与民族的后代素质如何，绝不进行误人子弟的教诲。

所以我认为，他们都是极有文化责任也极可敬的先贤。

排开"忠"不"忠"的问题不谈，其他一概道德标准，我这个当代人基本是愿意接受的。地球村任何一个人大抵做到了，便肯定是君子，是精神贵族，是人类楷模。一些人做到了，则我很替人类的社会感到庆幸。

问题是，仅仅是——若希望那些标准集于一人之身，实在是太高的要求了。中国古代对人的道德要求有两大弊端——既全也少。全则没了重点，少指仅针对少数读书人。这其实是帝王思想的反映。皇家设科举制，原本就是为自己的长期统治设"人才库"，所以并不需要那么多。"人才"知史适用就好；而人才对于皇家和对于国家的意义，本质上并不一致。对于皇家，人才与执政幕僚没区别；对于国家，人才则必须是多方面的。至于对百姓，皇家的要求倒从来不全，顺即良民，重点突出。

而西方诸国，文化启蒙运动以降，连皇家也意识到——科技足以强国。国家强了，自己何愁没有幕僚，不必专门培养，更不必从娃娃抓起。他们的文艺后来的一个近于永恒的主题是善。

然而必须承认，老子和孔子们，对善是极为重视的——"上善若水""仁者爱人"的思想便是证明。《弟子规》中关于"礼"的教诲未免琐细，却也强调了"泛爱众"一点，非常值得肯定。另一个事实是，古代的官方也就是皇家，对善一向讳莫如深，恐怕真的成为道德核心，常被用以对照自家。

古代蒙学中关于"典"的知识，可谓洋洋大观。几百例中，我这种知陋闻寡的人，不看注解就明白其意的，仅百之一二而已。

科举之试，以用典之多之僻为优等文章。用典与引用名言佳句是不同的。前者是故事的高度概括，旨在间接论说；后者是道理的引用，旨在加深印象。

中国古文中的名言佳句却都是通晓易懂的，说理性强，解惑到位，如"学而不思则罔，思而不学则殆"——其"学"指背，其"思"指懒得读书的借口。

黄兴逝后，孙中山两作挽联——前者白话，哀思易懂；后者句长，上下联对仗用典，不知出处的人们，大抵就不走出心了。

清华初迁云南，众心唤出两首校歌。一为几名学生作词，文字现代，风格酣畅，流传过一个时期；二由老先生们执笔，虽也豪情饱满，伤感淋漓，但因古风昭昭，典入歌中，仅在操场上集体唱过一次，以后即束之高阁，如泥牛入海也。

胡适反对用典的态度十分强烈，每对学生耳提面命。他自有一定道理——古代传至近代的典词，林林总总，洋洋大观，某些不过是正野两史所记的边角内容、奇闻逸事，并无多大文化价值。但喜"掉书袋"者，每好用之，以炫经纶；胡适乃白话文运动之中坚人物，自然立场鲜明。

但他的反对也有偏执一面——许多典故，从古至今百千年应用下来，已是成语。并且，闪耀着汉语词汇的智慧之光，表意隽永精妙。细品赏之，几可以汉语瑰宝视之。非是一场运动席卷，便可使之通通消亡的。

却也应看到，由典而成语，大抵具有比喻性。而比喻性的形容，用以言人论事，往往刃刺明显，于是造成他人伤口。如"井底之蛙""黔驴技穷""口蜜腹剑""叶公好龙"之类，便不如视野要开阔些，能力须多样些，心口应该如一、言行应该一致的直白表述更容易使人接受。

胡适先生的文化思想大方向上肯定是正确的。他当年的种种偏颇应该获得今人谅解——饮水不忘挖井人；毕竟，我们今人正享受着白话文的成果。也毕竟，汉语在当代所达到的白话文水平，已至行云流水。否定古文不对，厚古薄今不好。

中国的诗与歌

《声律启蒙》，实在是世界上关于文字诗性的最优美的蒙学读本；其优美唯有汉文字能够体现，译成任何别国文字，都将必然地优美顿减。有些句子，使人觉得其美不可译，或比唐诗宋词更难译——因为直接是典；而典非一般词句，乃故事的高度概括。不将故事交代明白，便会意思混乱；若将故事译全，则诗非诗，而是小说了。

全世界的翻译家一致认为，古汉语是最难译的语种之一，深奥如古梵文经意。难译不见得是优点，却极能证明古汉语的独特魅力。

将外国文字译为汉语，即使是音译，也有了诗意。如"枫丹白露""香榭丽舍""爱丽舍宫""莱茵河""富士山""雨果""海涅""雪莱""乔叟""拜伦""歌德""海明威""村上春树"——这乃因为，单独一个汉文字往往便有自身意境，两三个汉文字的组合往往便是意境的组合，遂使意境相当丰富，于是诗意盎然。而由字母组成的文字难以具有此点。

我第一次看《声律启蒙》，立刻被吸引住了。一看良久，不忍放下。

云对雨，雪对风。
晚照对晴空。

三尺剑，六钧弓。
岭北对江东。

春对夏，秋对冬。
暮鼓对晨钟。

明对暗，淡对浓。
上智对中庸。

这些是简单的声律样句，却多么有趣呀！正因为有趣，估计对古代的孩子们而言，熟背不至于感到特别厌烦吧？寓教于乐，我想古人确实做到了。

两鬓风霜，
途次早行之客；
一蓑烟雨，
溪边晚钓之翁。

秋雨潇潇，
漫烂黄花都满径；
春风袅袅，
扶疏绿竹正盈窗。

这样的句子，就并非简单的声律样句，简直是对仗甚工的诗行了。字字寻常，句句浅明，怎么一经如此组合，看也罢，读也罢，就其意也浓，其境也雅了呢？

阵上倒戈辛纣战，
道旁系剑子婴降。

出使振威冯奉世，
治民异等尹翁归。

一用典，就难译了。看着也没诗意，读着也不上口了。显然，是要在授以声律要点的同时，兼顾史中人、事的知识——前边说过，蒙学读本的一项宗旨，便是文史哲的融会贯通。用心是好的，效果却可能适得其反。

去妇因探邻舍枣，
出妻为种后园葵。

以上两句，分别讲的是汉朝的事和春秋时期的事——一个男人仅仅因为妻子采摘了邻舍的一些红枣，便将她赶出了家门；另一个男人则因为妻子在后园种了葵菜，而干脆把她休了——这样的内容，属糟粕，绝无蒙学意义，倒是男尊女卑的思想分明。多大点儿事，至于吗？灌输给儿童，有害无益。

还是以下一类样句好：

笛韵和谐，
仙管恰从云里降；
橹声咿轧，
渔舟正向雪中移。

平展青茵，
野外茸茸软草；
高张翠幄，
庭前郁郁凉槐。

这类样句极有画面感，有声有色，有动有静，有形容有比喻，不但能使儿童少年感受到汉文字的美质，还有利于助他们启动想象的脑区。

由是想到，如今的家长们，比以前更加重视小儿女学前的智力启发了，若单论语文方面，我认为《声律启蒙》中的某些样句，值得陪伴孩子们背背，因为有趣，游戏性显然。若家长能与孩子互动，你背上句，我对下句，效果肯定尤佳。但一定要有选择，去其糟粕，剔除淫典，引用浅白易懂的。比背唐诗宋词好——在声律的美感方面，对仗的妙处方面，唐诗宋词亦不能及。

又想到，随着弘扬传统文化的热度升高，有些家长干脆将《三字经》《百家姓》《千字文》《弟子规》之类塞给孩子，迫使读之。牛不喝水强按头，肯定是不对的。先讲明以上蒙学读物的益处，使孩子在不反感的情况下读读，良好目的才能达到。《百家姓》是根本不必让孩子背的。为什么非要背它，完全没必要。但从中选出几个少见的姓告诉孩子，也不失为趣味性知识的给予。《三字经》读读前边有关常识的部分就可。比之于《三字经》，《千字文》编得并不算好，除了个别句子有助于好品行的养成，大多数句子在道理与知识两方面都算不得上乘。《弟子规》主体是好的，可去琐细之句。若不以挑剔之眼看待，《朱子家训》堪称优质读物，除有几句对女性的偏见之言，任何年龄的人读了都会受益匪浅，内容涉及日常生活，为人处世的方方面面，接地气，非高蹈教诲。

并且还由《声律启蒙》想到——古汉语中，"之乎者也矣耶兮焉哉"等助语单字的应用，在白话文运动中备受嘲讽，其实也是对汉字及汉语言特点的非客观看法。古汉语在应用中因为不用后来的标点符号，所以必须通过那些助语单字来烘托行文的情绪色彩。"者""也""矣"往往起的是"。"作用；"乎""耶""焉"往往起的是"？"作用，"焉"的问号作用起在前边——"焉能辨我是雄雌"[1]便是一例；"兮""哉"二字，每具有感叹号的作用——"哉"用于后，而"兮"亦常用于句中，不用情绪色彩就不饱满。"之"在汉文字中的作用亦非同一般，是能使语感抑扬有致，切缓得当的一个字。如"关关雎鸠，在河之洲""参差荇菜，左右流之""桃之夭夭，灼灼其华""之子于归，宜其室家"……不用"之"，那样的一些诗句便不成诗了。好比歌——如果将某些歌中的"啊""那依呀""赫尼那""耶""喂"等拖音字去掉，那些歌也没法儿唱了。

---

[1] 多作"安能辨我是雄雌"。文中所说之例可见《诗经·卫风·伯兮》："焉得谖草，言树之背。"

马儿啊,
你慢些走呀慢些走……

二呀么二郎山,
高呀么高万丈……

《草原之夜》句尾的"耶"字,被歌者拖得多么长——却也正是我们爱听的。

古代的诗,都是要能唱的。更有些诗,起初原本是歌,不用以上助语单字,古代的歌也没法儿唱了。

彼采葛兮,一日不见,如三月兮。

坎坎伐檀兮,置之河之干兮,河水清且涟漪。

从《诗经》中不难看出,凡是助语之字用得多的,必是先歌后诗,较为原汁原味来自民间的一类,文人加工的痕迹少。而凡是文人加工痕迹显然的,任意随心地唱就不那么容易。不信者,自己唱《载驰》,唱《氓》试试看!

文人总是喜欢将歌弄成诗,而民间却更希望将诗唱成歌。由于文人以后多了起来,从文艺的史来看,便诗多歌少了。因为科举考的是诗,内容以"官方"限定"教材"为主,文人都热衷于跻身仕途,肯收集和整理民间歌词者便鲜有矣。

对于古代民歌,幸还有《诗经》流传了下来。

惜乎!唯《诗经》耳。

任何一场运动,即使确实伟大,无论多么伟大,都是可以而且应该从是非两方面来评说的。

"五四"、新文化运动对传统文化一概否定,恨不能铁帚扫而光——其偏激也。

鲁迅言:"汉字不灭,中国必亡。"——实属不该说的话啊!

正史与野史

盖中国之史学,始于《史记》。

后世修秦、汉史,无不以《史记》为据。

鲁迅曰《史记》乃"史家之绝唱,无韵之离骚"——于是自相矛盾显然。《史记》史乎?文学乎?若言《史记》是文学色彩一流的历史,问题仍在,因为"文学"之概念,不仅体现于辞藻应用水平,更体现于虚构能力,而"史"以掺杂虚构为大忌。

在鲁迅之前,尚无人用"文学"二字评价《史记》;对其评价,或也用到"文"字,但多是"文采""文风""文韵"之词;总之是修辞方面的欣赏,而这无关"史"之宗旨。

鲁迅一用"文学"二字,使原本"莫须有"之疑,成了挑明之惑——这是鲁迅没想到的。

偏偏,顾颉刚又发表了他的史论研究成果,认为中国之史,是"层累地造成的"——一个"造"字,史界为之大哗。这等于对《史记》也公开了自己的几分不以为然,致使对《史记》做出高度正面评价的鲁迅未免不快。

一曰"史家之绝唱",一曰"造成的"——看法对立至极。

《史记》首先可视为史,这一点应予肯定。司马迁是严肃修史的史官,呕心沥血、索据煞费苦心,自己编造的成分几可说无。何况,老子曾任末周的朝廷"图书馆长",周时的"官方"藏书虽遭春秋战国之兵燹,却有一部分流于民间,肯定被有心人所保存。周时既有官方图书馆,推断起来，当也必有记史制度，故民间史书资料在焉。后又经秦始皇所焚，但也只能尽量焚书，焚不掉的是民间及儒林代代相传的深刻记忆。司马氏之史，多方收集民间口口相传之前人往事，以所能拥有的典籍相对照，本着去伪求真的态度予以整理，估计大体如实。而且，要么没有《史记》，有便只能是那么产生的《史记》。

但关于黄帝、炎帝及尧、舜、禹三帝的部分，史家向来以民间传说界定。民间传说与神话有别——神话必有神的出现；若言黄帝大战炎帝有神话色彩，出现在《史记》中的尧、舜、禹三帝则基本上是去神话色彩，仿佛现实中人的帝形象。当然，民间关于他们的具有神话色彩的传说也不少，司马氏未记入史，证明他的修史观是没被误导的。

尧、舜、禹三帝究竟存在不存在呢？

我是宁肯信其有的。却也觉得，不同程度地被文学化了。如记舜帝之为人民服务的鞠躬尽瘁，言其"三绾湿发"[1]而出门礼迎上访群众；言禹治水时，"三过家门而不入"，都使我有小说笔法之疑。"三"为实数，为什么不是一两次或四五次，而明确地记为"三"次呢？怎么就能证明肯定是"三"次呢？若仅记舜是一位平易近人的帝，禹是一位治水劳模，这我倒很愿意信。但他们的美德都与"三"发生了实数关系，便容易存疑于世了。

似乎是从《史记》之后，"三"成了中国的一种文字现象，如"三省吾身""三思而行""三缄其口""三长两短""三言两语""三姑六婆""三五成群""三天打鱼，两天晒网"……在这样一些词句中，"三"是虚指，是形容。而在另外一些词句中，"三"又是实数，如《三字经》"三皇五帝""三山五岳""三纲五常""三朝元老""三打祝家庄"。

一个具体而明确的数字，一种情况下是实数，一种情况下是形容，在阿拉伯数字的应用现象中是不会发生的——"3"就是"3"，不是"2.9"，也不是"3.1"。

这使我们不得不承认，同样是数字，阿拉伯数字的应用效果更精准。倘继续以中文数字"三"来应用，中国的数字科学是无法发展的。

---

[1] 此处疑为周公之事。《史记·鲁周公世家》载："然我（周公）一沐三捉发，一饭三吐哺，起以待士，犹恐失天下之贤人。"

再回到"3",许多别国避讳"3",主要是宗教影响的原因——宇宙分三界：天堂、人间、地狱。地狱在"3"级,自然与一切不好之事相关联。而中国人每以"三"来形容,乃因"三"在虚指时,不多不少,能给人以似乎较实的可信印象。还因为,"三"是平舌音的字,与其他字组合时,说起来顺口,符合声律的抑扬顿挫。古代的中国人,在修辞方面甚重视声律。有这些实际的考虑,则不避许多别国所避的"3"了。

而在《史记》中,关于舜与禹,一个"三绾湿发",一个"三过家门而不入"——形容耶？确指耶？若是确指,"三绾湿发"殊不可信,古人头发再长,洗一次也不会太久,何至于接连三次绾起湿发急着出门迎接"上访群众"？又是何人见证,何人记录的呢？若是形容,则莫如"平易近人""密切联系群众"一类写法更使人不疑。"指鹿为马"也甚难令人相信——那得多"二"的皇帝,才有可能被忽悠成功呢？

"烽火戏诸侯"尤不可信——朝宫离烽火台不近,诸侯封地离烽火台更远,古代的急行军,不过是马上将军率领步行兵卒,再快也得小半天的时间啊,周幽王与褒姒,会在烽火台上待那么久吗？

最主要的是——商代是有考古之物可证的,而"夏"是一种怎样的社会形态,至今没有足可采信的考古发现作为佐证。"夏"肯定非是子虚乌有的,否则不会突兀地产生出一个商王朝来。但"夏"究竟是较庞大的部落联盟,还是一个较有规模的王朝,此点至今尚无定论。

综上所述,像顾颉刚那种接受了西方现代的严谨的史学思想的人,以他的眼再来看中国的第一部经典史著,也就难免会发出"层累地造成"的不以为然的感慨了。

但我看《史记》,除了也有以上困惑和疑问,总体上是信其史实性的。我觉得,起码,"周"以后是相当可信的。特别是"世家""列传"部分,文学元素甚少,所以几乎没有硬性的理由不信。

而且我觉得,全世界各国的古代史,都或多或少会掺入传说的部分,都不同程度也是难免地会有文学色彩。七分可信,三分文学,几是共性。而且,便可视为好的历史著作了。不这么看,许多国家都会对自己国家的历史陷于历史虚无主义的泥潭,自寻烦恼。

中国的史，一向分为"正""野"两类。正史为官方的，权威的。野史为民间的，由非史官的文人所著的。在民国前，任何一个朝代的（当朝）官方史，都是绝不向民间公开的，也基本上是按皇家意思来记载的。某些关于古代史官违命秉笔直书的事迹，固然可敬，但属个例，绝非常规现象。而任何民间人物著野史，都是大罪。倘被举报，不但自己会掉脑袋，家族也将遭殃。

但文人们总是忍不住要给自己找件值得一做的事投入精力和心血。这种事一是编诗集文萃，二是编蒙学读物，三是修史。虽被视为"野史"，他们往往也是认认真真的。为了不罹大罪，采取本朝人修前朝史的策略。而前朝是本朝的历史敌人，记前朝的忠臣良将，本朝亦不限制——有如许多忠臣良将，还是被本朝所灭了，证明前朝的君主要么无能，要么是不折不扣的昏君暴主。而直接历数前朝的腐败、罪孽，则本朝乐见其成。故野史无一例外是记前朝的事，而且基本倾向是写前朝的该亡。不但史现象如此，文学戏剧现象亦然。如冯梦龙《醒世恒言》中，也收了一篇笔鞭金国天子海陵王渔色不止、鲜廉寡耻、践踏纲常的"纪实小说"——他是大明文人，那不犯法。

著野史的文人往往自谦其著为"史演义"，或"通俗史"——都是中国历史小说的前身。

如关于中国的"五代史"，文人所著就多之又多，因为"甚矣哉中国之乱，未有逾于五季者也！"有民国时的文人修《五代史演义》，在自序中"太息"而曰："天地闭，贤人隐，王者不作而乱贼盈天下，其狡且黠者，挟诈力以欺凌人世。""元首如弈棋，国家若传舍，生民膏血涂草野，骸骼暴原隰，而私斗尚无已时，天欤人欤？何世变之亟，一至于此？"

身为民国文人而不虑前著甚多，其借古言今的动念，在自序中已表达得昭昭然。这样的书，对后人全面了解民国时期之国运，参考价值在焉。

以顾颉刚的眼来看，一概演义了的史，皆非真正的史著。但以更宽泛的文化视角来看，不惟《史记》，许多野史，未必不具有稗史的重要意义。

现如今之中国，史学发展成就巨大。分朝代的史，各方面的考证越来越翔实。顾氏那句"层累地造成"的名言，现在委实可以休矣。

胡适与鲁迅

　　胡适一度被视为"全盘西化者",实在是被成心地"误会"了。

　　他在《先秦名学史》之"导论"中曾言:"我们中国人如何能在这个骤看起来同我们的固有文化大不相同的新世界里感到泰然自若?一个具有光荣历史以及自己创造了灿烂文化的民族,在一个新的文化中绝不会感到自在的。如果那新文化被看作是从外国输入的,并且因民族生存的外在需要而被强加于它的,那么这种不自在是完全自然的,也是合理的。如果对新文化的接受不是有组织地吸收的形式,而是采取突然替换的形式,因而引起旧文化的消亡,这确实是全人类的一个重大损失。因此,真正的问题可以这样说:我们怎样才能以最有效的方式吸收现代文化,使它能同我们的固有文化相一致、协调和继续发展?"

　　他当年的话包括如下重点:

　　一、我们中国是一个具有光荣历史以及自己创造了灿烂文化的民族。

　　二、世界已经变化巨大,由而产生了新文化。如果我们想与世界的巨变接轨,那么我们只能同时接受另一半世界所产生的新文化。这会使我们感到文化冲击,不自在。

　　三、但如果我们不认为那新文化是强加给我们的,而是"以最有效的方式吸收""使它能同我们的固有文化相一致、协调和继续发展"——我们就不必怀有排斥的、恐慌的心理,便能够保持文化自信,泰然自若。

　　四、如果采取突然替换的形式,因而引起本国传统文化的消亡,则会造成全人类的一个重大损失。

关于如何看待中国传统文化，如何看待当时的西方现代文化，如何在珍惜中国优秀传统文化的前提之下，理性地、有步骤有效果地从西方现代文化中取长补短，胡适当年说得挺明白的。他对中国的历史，可是用了"光荣"两个字来说的！他对中国的文化，可是用了"灿烂"两个字来说的！在中国新文化运动的阵营中，如他那么高地评价中国以往历史和文化者，绝无仅有。

鲁迅通过《狂人日记》中的"我"得出一种结论——中国的文化完全是"瞒"和"骗"的文化，中国的历史一直是"吃人"的历史。

若近代以前的中国历史文化人物都成了"瞒"和"骗"的"帮凶""帮闲"，那么中国古往今来的文化人物，也就没有人有资格存史了。

胡适一心想要促进中国传统文化与西方现代文化的融合，引导中国从西方现代文化中取长补短，却在很长的时期里被故意误解，仿佛民国以来中国文化方面的所有"坏事"都是胡适挑头干的，仿佛他是"帝国主义"的"文化间谍"——这被颠倒的历史，若不恢复原貌，一切中国人今日又有何颜面谈什么文化呢？

"这个为学术和文化的进步，为思想和言论的自由，为民族的尊荣，为人类的幸福而苦心焦思、敝精劳神以致身死的人，现在在这里安息了！……"

胡适的墓志铭对他的一生的评价，在我看来，未免过于"拔高"。但前三句话，他确实是担当得起的。

他是为中国文化的重新建构而生的一个人，他从来不是一个中国文化的全面破坏者……

"贵族精神"与"士大夫精神"

20世纪80年代以降,中国学界探讨西方"贵族精神"者渐多。在西方,"贵族精神"是有专指性的——第一须是有贵族身份的人,第二在国家义务方面是恪守责无旁贷的人,第三在言行方面是能遵循贵族教养的人。

而在当时的中国,"贵族精神"每被反解为"精神贵族","精神贵族"又每被狭释为"文化贵族",而一个被视为"文化贵族"的人,对于民间则必是一个不受欢迎的人,甚至会是一个讨厌的人。

在西方,贵族人物是否具有贵族精神,主要以第二条而论,第三条属于小节,并不求全责备。

在中国,被学界奉为"精神贵族"的古代人物,大抵是文人(严格地说是诗人),如李白、陶渊明、"竹林七贤"。

为什么会有这种差别呢?

乃因——在大多数封建历史时期,大多数的未入仕的文人,实际生活境遇并不太好。最低的时期,地位排在娼的后边,仅在丐的前边。所以,古代的中国文人从不曾有过什么贵族精神,想要为国效力,通常也不受待见,一厢情愿而已,便只能在文化上自标清流,在言行上特立独行,以证明精神上的高蹈。

李白是有点儿"文化贵族"范儿的,因为他一度曾像西方的贵族一样,获得着皇家的恩赐的"津贴"。

俄法战争中，两国都阵亡了许多贵族人物及其子弟；"一战"中，俄、德两国的军中贵族子弟也牺牲多多；"二战"中，苏、英两国的前线指挥官中，贵族人物也不少。英军中多于苏军中。本应苏军中更多的，但战前被杀者众，剩下的反而少于英军了。

中国文人阶层，总体上缺少为国家出生入死的历练，阳刚之气只能体现于诗文，也就从基因上难有西方所言的"贵族精神"。

据史家言，春秋时，各国贵族阶级都以执戈披甲为荣，视冲锋陷阵为勇，尚勇成风。

那算不算"贵族精神"呢？

窃以为，即使算，也与西方的贵族精神不是一个概念。

在《战争与和平》中，安德烈公爵因战前患病，身体虚弱，本是有理由不上前线的，但他坚持带病参战——这是贵族精神的体现；他参加的不是征服战而是国家自卫战。

皮埃尔男爵，因为近视，没被批准入伍。但他寻找到了一支枪，在法军进入莫斯科后，打算进行一个人的抵抗战争。他甚至有机会瞄准了拿破仑，可一枪毙其命，却没扣扳机，感到了暗杀者的羞耻——这也是贵族精神的体现。

法军大败，许多士兵在严寒之季逃陷于湖中，生不如死。拿破仑给库图佐夫留下一信，信上有言："看上帝分上，怜悯我的士兵。"库图佐夫对送信的法国下级军官说："请你们的皇帝放心，我一定照办。"遂下令，不许屠杀法军，对他们要尽量救助，放他们回国……

在美国进行独立战争时，年轻的法国侯爵拉法耶特不顾法国国王的禁令与英国的威胁，秘密赴美，以志愿者身份参战……

但中国文官阶层代代相传的"士大夫精神"，却是有几分像西方的"贵族精神"的。彼们的"贵族精神"其实是文化启蒙运动之后才较明确提出的精神概念，显示与时俱进的意味。中国的"士大夫精神"，那时作为一种阶级精神已存在两千多年了。

韩愈之《论佛骨表》，既是古代文官"谏"的精神的体现，亦是后来所谓"士大夫精神"的佐证——唐宪宗为迎佛指，举行隆重的礼佛仪式。

上行下效，致使长安城内，王公士庶，争相破财，互竞信佛之诚。民间有废业当宅、烧顶灼臂而求佛保佑施福者。身为刑部侍郎的韩愈，于是上表反对，要求中止，表中多有不中听的话——宪宗认为是那样，怒甚。若非大臣们相劝，几乎杀了韩愈——但这种"谏"的精神，说到底是"忠"的表现。

而西方之"贵族精神"，骨子里是骑士精神的演变。它并不强调对君主的忠，只恪守对国家命运的责任。从社会伦理层面讲，则更强调正义感。若非以"忠"论，他们倒是常以忠于友谊、忠于所爱的女子为荣；两者内涵很不相同。

又，贵族在朝为官，自然也分文武。"下班"后，于私人关系中，则仅以志趣相投为交往准则。

而在中国的古代，贵族之间，往往文不习武，武不恋墨。

所以，西方的贵族若觉尊严受辱，动辄决斗。政府虽三令五申，却长期难禁。明知那么做犯法，也还要偷偷地那么做；宁肯那么做了以后逃避国外。

韩信甘受胯下之辱的行为，在西方贵族中是绝不会发生的。

中西文化所形成的人格表现的差异，由来久矣。

从唐至宋，"士大夫精神"非但没提升，反而在王权、皇权的高压之下越来越沦落，每每自甘猥琐——孝武帝时，其宠妃亡，文臣纷作悲词哀谏，以证明自己心里疼着皇上的疼。皇上甚至当朝对某大臣说："卿哭贵妃若悲，当加厚赏。"——于是该臣"应声号恸"，捶胸顿足，涕泗交流。又让一个大臣哭，其哭若丧考妣，极哀之状不让前者。更有文官中文名优上者，奉诏为皇上作缅妃文，以供皇上哀思时缓压。若在春秋时期，那等诗文显然会归于"颂"的范畴。

姑且不论西方诸国有无那样的皇帝，西方的历史中断无那等为臣的贵族，却基本上是事实——在中国的古代，所谓"士大夫精神"，乃是皇帝、王室允许有才有，允许有多少才有多少，不允许有则完全不可能有的"精神"。

而在西方诸国的古代，"贵族精神"是不受王权左右，而受教皇支持并赞许的一种"精神",是较为独立的一种阶级思想——皇帝也不敢轻易亵渎。因为在教廷看来,皇帝也只不过是第一等级的贵族代表人物而已,也须以贵族原则律己。

中国的当代文化知识分子,其实不必学什么西方的"贵族精神",也不必学古代的"士大夫精神"——阶层属性不同,无的放矢。

若能将中国古代"士"的精神在当代发展几分,便很有理由自尊自慰了。

秦文与汉赋

鲁迅曾言："秦之文章，李斯一人而已（按：先秦文章，几乎只有李斯的可读）。"

此言基本符合事实。

"焚书坑儒"是秦始皇的指示，但主意是李斯给他出的。李斯只建议焚书，这建议遭到了群儒的一致抵制。秦始皇干脆一不做二不休，连"儒"们也一并"坑"掉。"儒"们并非皆孔子学说的传人、信徒，泛指宣扬各种"主义"的所有文人，包括反对儒家学说的文人。秦始皇之所以要全"焚"全"坑"，乃因不允许王道之外居然还存在任何"主义"。那一次蓄谋的杀害，若说身为宰相的李斯不知情是不可能的。肯定的，他不但知情，而且参与了蓄谋，使之更加周密。所以，李斯是"焚书坑儒"的同案犯、帮凶。

秦始皇和李斯君臣，采取的是"文化虚无主义"统治策略。他们将之前的文化全都"虚"掉了之后，却提出更进步的文化主张来，所以秦朝只剩下了王道和李斯一个人所代表的"文化"——阐述王道有理的"李斯文"——又所以，鲁迅也只能从史籍中发现几篇"李斯文"——"只有李斯的文章可读。"不是说他的文章多么好，别人的文章都不好，而是说几乎没有别人的文章留存下来。

秦只统治了两代，李斯还被秦二世杀了——秦朝的短命，不见得就是由于"文化虚无主义"，也不见得就是由于二世祖的骄奢荒淫；历史上比秦朝更糟糕的朝代很多，却都能统治较长时期。比起来，秦朝并非最暴政的一个朝代。

秦的灭亡，说到底是因为修长城，干了一件超出经济实力的事。太过劳民伤财，将经济搞垮了。以权衡利弊来说，修长城与休养民生，孰急孰缓，孰轻孰重，没掂量对。"天"可视民为"刍狗"，皇不可。皇也视民为"刍狗"，亡得自然快。但，秦的速亡，确实也给人一种"文化报应"似的因果想象。

与秦相比，汉明智得多了。

汉的明智首先在于，意识到了农民生活的稳定对于长治久安的重要性。不但意识到了，还采取了一系列发展农业、减轻赋税、释放奴婢等良性的统治策略。

重视农民的生活改善就是重视人民生活。

发展农业就是大力发展国家基础经济。

并且，以董仲舒为代表的朝臣，提出了"独尊儒学"的文化主张。"独尊"固然有文化专制的意味，但比之于秦的"文化虚无"毕竟是种进步，何况孔子的思想主体是主张文明的。

由于出现了繁荣景象，乐府也就是乐歌中出现了此前民歌中少有的欢悦气息。

汉赋中歌功颂德的作品，也有几分是由衷的。甚至，还出现了文学理论家——当时的理论，主要是对文人文学的灌输——"文人之笔，劝善惩恶""为世用者，百篇无害；不为用者，一章无补。"

"文以载道"，由汉而大兴，继承的却是春秋诸子的文论思想。

汉的散文多是政论之文。大国崛起，希望以一己主张贡献长治久安思想的文人，自然不甘寂寞。

汉的辞赋，包括司马相如的作品在内，多是宫廷所好之题材，有修辞方面的魅力，无关注现实的佳篇。

总而言之，西汉也罢，东汉也罢，两汉合并论之，最有光彩的还是《史记》和乐府中所收集的民歌部分。

扫描汉时文学，最大之心得是，诚如胡适所言，那时的散文，包括某些辞赋中的语句，确实已很"白"，"白"得几近于现代文——这一真相，直至胡适道出才被许多国人不得已地承认，仿佛道破历史真相这等事，乃是由时代来选人的，或可曰人与时代的天缘。

魏晋南北朝时的文学，比之于汉朝，有了全面的大踏步的发展——汉时有了《孔雀东南飞》，魏时有了《木兰诗》[1]这样的长篇叙事诗，同时民歌、民间故事发扬光大；阮籍、嵇康、左思、刘琨、陶渊明、刘勰们的出现，也使当时文学光彩有加。

没有汉民歌继春秋之后生命力的复兴，焉有后来唐诗的繁荣在焉？

没有汉民间故事的示范，焉有唐传奇小说之种乎？

没有阮籍、嵇康、陶渊明们，焉有李白、杜甫、孟浩然、韦应物、柳宗元们？

汉文学现象，意味着中国古代文学的诗性特征基因形成之现象。而促进此种基因形成的主要条件，说到底是民歌。

民歌，民歌，它是全人类文学的母体！从中国文学史的发展经络看，这一规律尤其分明。

---

[1] 现多认为《木兰诗》产生于南北朝时期（可能是北魏时期）。

嵇康之死

魏末以降，所谓"竹林七贤"，每成历代文人之心结，近当代亦然。古时文人，近当代文化知识分子的延种也。规律乃是——倘世道开明，文化知识分子处境适焉，所议便少。反之，所议则频。禁议，心耿耿然。

"七贤"无非七位不愿入仕为官的文人而已。

"不愿"并不客观，主观上都是愿的。文人以文为特长，这特长古代无法养活自己，更遑论"齐家"了。所以古代的文人，若当不成官，也非富家子弟，娶媳妇都不容易。曹魏政权末年，天下有了两个"中心"。这肯定不会是常事，两个"中心"必有一个终将瓦解，于是文人都面临选边站队的局面。以当时情况看来，曹魏政权虽是正统"中心"，但气数已颓不可撑。司马家族取而代之的野心昭然若揭，但行径上肯定属于篡位。

篡位者，古之首逆也。当时的文人如果选择效力于正统，下场肯定可悲，甚至会很惨。若预先投靠向司马集团，虽属识时务的决定，但又会背上无节的历史污点。

"节"与利不可得兼，于是"隐"成为明智之举，其实也是无奈选择。而所谓"林"，并非真的深山老林，城乡接合部偏于乡的地方而已。

对于文人，"节"关乎名誉。名誉非一己之事，影响着子孙后代的前途。说到底，不仅是德怎样的问题，也是眼前利和长远利的问题。

曹家篡位，结果也轮到了自己将被打翻在地。即使司马家族篡位成功，彼们的下场也难逃规律——看分明了此点，"隐"几乎也是自保的唯一策略。经济条件优渥的，过隐逸的生活，未尝不是另一种享受；缺乏经济保障的，只有自食其力，自给自足，那叫遁隐，主语是"遁"，逃避行为。所幸当时的士人大抵因为当不成官就娶不起妻，没家庭拖累，所以隔三岔五地凑个饭局还不是件难事。对于他们，饭局要求也不高，有酒就成。后世的画家，画到他们，或是一齐醉卧竹林，或是谈诗话文——即使后一种情况，画面上也少不了酒具。酒、诗和女人，是他们的生活常态。画"竹林七贤"的画中并未出现过女人，乃为贤者讳也。

嵇康是"七贤"之首。他本是曹氏王朝的贵婿，当过养闲处优的中散大夫；那时他还是美食家、养生学者，对诗文的爱好，反而在养生之下，对玄理的热衷，反而在事理之上。

司马昭杀嵇康，使嵇康垂名于史。

司马昭本有用康之念，若两相融意，司马昭在当时史上留一段佳论耳。但于嵇康，名声就太不好了——人家灭了你丈祖的朝廷，杀了你妻的许多族人，你反倒去对方的新朝廷当官，太忘恩负义了吧？太不是东西了吧？

所以，嵇康的不能归顺，实在也是考虑到担骂名的严重后果。何况，以他的出身问题而论，当官也当不大，当了也仍存凶险。他便只能写不做麻烦制造者的保证书，没勇气写表忠信——那无疑也需大勇气。

嵇康也罢，陶渊明、李白也罢，都是当时后来文人们"层累地造成"的神话。文人阶层需要此种神话，如民间需要侠的传奇。

嵇康、陶渊明们的人生，从来不曾真的是古代文人的理想。恰恰相反，山涛与王戎的人生，才真的是古代文人们的夙愿。凡那作诗赋词撰文颂扬嵇康的文人，大抵是想入仕而久拂其愿的文人。一有机会，十之八九都想走山涛与王戎的路——这与文人们的普遍道德关系不大，实乃社会形态所决定。若古代文人可像近代的文人一样，当不成官还可当教授、作家、编辑家、出版家，所谓"竹林七贤"当时也就不存在了。即或存在，也不构成一个历史话题了——那还有什么值得论道的呢？

嵇康的死，只有一点仍具有现实社会启示性——一个好社会，应如尊重人的隐私一样，尊重人的立场选择。进而言之，在中国，文化知识分子对嵇康们的同情文章少了些，肯定意味着政治开明了些；对李白的热捧文章少了些，意味着政治又开明了些；对杜甫的崇敬文章少了些，则不但意味着政治开明，而且意味着社会祥和了；而文化知识分子都带头学陶潜了，则不但意味着社会祥和了，还证明乡村生活比城市生活更美好了。

《诗经》的文艺品质

看《诗经》，估计大多数人会有这样的感觉——"国风"部分颇引人入胜，"大雅""小雅"也能助人对古代的种种祭祀活动多一些想象的依据，至于"颂"的部分，委实没甚意思，浏览几首，放书也罢。

全世界的古代，于诗歌中皆有"颂"的部分，古埃及、罗马、希腊在此点绝不逊于中国的古代。帝也罢，皇也罢，王也罢，只要他们有被"颂"的心思和要求，"颂"的文艺现象就会油然而生。

汉武帝要兴建天地祠，宠臣李延年便奉旨创作乐章，亲自演唱。仿佛颂天颂地，实则句句着意地颂武帝。武帝一高兴，又封了他一个新官职叫"协声律"，等于朝廷第一大音乐家，专抓全国"颂"的文艺的开展。

"颂"诗虽然没什么文学价值，但有史学价值，可供当代人研究古代是怎么实践礼乐制度、仪式的状态是怎样的。这种研究不但可使古代文艺史更趋翔实，也有助于丰富今人对"封建"二字的全面了解。

对"颂"之文艺也要一分为二。有的皇帝极有自知之明，并不以为自己确是"真龙天子"，而且确使国泰民安成为一个时期的事实——如古罗马的一位皇帝奥勒留，不但是皇帝，还被视为柏拉图之后的心灵哲学家。曾子所言的"吾日三省吾身"，他几乎也是那么做的；如中国汉时的孝文皇帝，三拒登基，当了皇帝是不得已之事。既然当上了，于是鞠躬尽瘁：他亲自耕作，改革田赋，引导百姓振兴农业；他废除了以断人肢体、毁坏肌肤为惩罚手段的肉刑；他不仅自己衣着简朴，连对自己最爱的夫人也要求严格,不许她用带有绣花图案的布匹做帷帐……

偏偏像奥勒留和汉文帝这样的皇帝,特别反感对自己的歌功颂德。若民间产生对他们歌功颂德的文艺,肯定便是真情表达。奥勒留对人民的爱心对自己要求的从严是有证据的,古罗马史中有着较翔实的记载。汉文帝是否真的那样,无据可查,我们只有相信司马迁了——但愿他没骗我们。

胡适评《诗经》,对"国风"部分极为欣赏,对"颂"的部分十分轻蔑。

文艺之"颂",若产生于民间与产生于文人笔下,情况每每大不相同。产生于民间的,可曰之为"自然表达",产生于文人笔下的,多半是取悦创作。那样的文人,也多半是李延年之流。

《诗经》中体现家国情怀的,《载驰》最动我心。许穆夫人是卫宣公的女儿[1],许国国君穆公的妻子。北方游牧民族发兵进攻卫国,卫军全军覆没,卫国灭亡。许穆夫人听到这一噩耗,仅率小众随从,乘车风尘仆仆,日夜兼程赶往卫国。许穆公出于担心她的安危,派大夫们追赶,劝其勿往。而她意志决绝,一往无前,于是便有了《载驰》。

一般而言,男人只有一家一国。但女人不同,嫁入别国的女人,意味着有了两个家,两个国。任何一边国破家亡,都会使不冷血的女人肝肠寸断,正所谓手背手心都是肉。所以,《载驰》这种女性家国情怀的强烈表达,并且表达于马狂奔、车剧颠的途中,表达于被围阻力劝的情况之下,使文字具有跃然纸上的画面感、场面感和互不相让的对峙的冲突性。

"国风"部分收录了数篇女性题材的诗,证明《诗经》的编汇者们,在当时关注民生的眼是投向了女性的——这也可以说是古代的"文艺工作者"们的社会责任感、时代使命感,即文艺自觉、文艺本能。

还要提一下胡适,在其《白话文学史》中,古代的文艺自觉肯定不够。他的心思太集中于古代是否有白话文学现象这一点了,因为他的写作初心便在于此。并且,他点评到《诗经》中的底层民歌现象时,批判的是相对应的文人文学、士大夫文学,这种概念也是不严谨的。文人不都是士大夫,文人和文人是不一样的——"国风"中的诗,不都是文人润色、整

---

[1] 许穆夫人疑应为卫昭伯的女儿,卫昭伯为卫宣公之子。

理、编汇的吗？不是他们当时那样做了，今人又依据什么说长论短呢？正所谓，传唱者唱的是情，编汇者有拳拳心。

《氓》反映的是底层妇女的一己命运，小家悲哀；《载驰》反映的是战乱时期一国之"第一夫人"的族间亲情，国家命运，亦所谓天火遍野，人皆生灵，人皆刍狗。

此亦是情，彼也是情；小亦家也，大亦家也——超乎阶级的同情，乃博爱也。当时的"文艺工作者"有此理念，一视同仁，难能可贵。

许多当代的《诗经》注释者认为——《载驰》的作者为许穆夫人自己。根据是，诗中频现"我"字。

窃以为，这是不对的。

该诗不可能作于许穆夫人出发之前，那与诗的内容不符；也不可能作于归来之后，时过境迁，情绪已变；更不可能作于被围阻的途中，哪来的作诗用具呢？须知当时还是竹简时代。是否是现场所唱呢？那也太秀了点，把内心想法直接说出来不是更符合常情吗？

卫国之亡，当时也算是"重大国际新闻"了，虽然传播方式落后，但因国与国间距离短，所以口口相传，也会很快成为"天下"尽知之事。而许穆夫人赴卫之举，肯定具有后续"新闻"性。也许，在其被围阻的途中，目睹了那情形的人便有一些，如脚夫饭妇、樵父猎户。那么，事情必然不胫而走。民间"文艺家"同情之，理解之，感动之，敬佩之，于是创作了《载驰》，以颂扬她的家国炽情——"明知征途有艰险，越是艰险越向前！"——此种勇往直前的气概体现于女性，是足以令一切人发自内心地叹服的，于是不会纠缠卫国的"窝里斗"是多么令人嫌恶，它的亡有几分是自酿的。生于春秋时代的人，对于各国的"窝里斗"现象，早已司空见惯，麻木了。

《载驰》是那麻木中冲击人心的女性行为，故也可以说是"国风"中的绝唱。

中国女性文学研究正在成为文学新景观——毫无疑问，其端点非"国风"莫属。

苍生之"离骚"，民间之"史记"——此乃"国风"的不朽价值。至于"雅""颂"的内容，完全留给专家学者去关注可也。

《三国演义》之史观与民间解构

问：老师对《三国演义》这部小说怎么看？

答：(《三国演义》)它是四部古典名著中气势最为恢宏的，是唯一的一部史诗性小说。《水浒传》写的也是一段历史，但我认为其史诗性逊于《三国演义》。《水浒传》也人物众多，但毕竟不如《三国演义》多。何谓史诗性？除了历史跨度，还要看历史思想。这一种历史思想，是与《三国志》一脉相通的。"话说天下大势，分久必合，合久必分。"——人类的社会，现在也还是如此，大约一百年后也还是如此。从前的合合分分，伴随大战。以后的合合分分，也许可以用和平的方式。地球的大陆板块从未稳定不动，只不过其合合分分不易察觉。人类社会的状态，那也不太会一经稳定下来就永远不变了，这恐怕是不以人的意志为转移的。"是非成败转头空，青山依旧在，几度夕阳红。"——这也是一种史观，作者的文人史观。刘备、曹操、孙权，都是太有霸主野心的人。他们争来战去，无非是为了一朝坐拥天下而已，但受苦难的是百姓。天下最终归了谁，与百姓有何相干？所以在白发渔樵那儿，才"古今多少事，都付笑谈中"。

但是你们要清楚，对于历史及历史人物、文学人物，民间另有一种筛选立场。"解构主义"是西方学者提出的，其实东西方的民间，早就对人类文化实行"解构主义"了。一部《荷马史诗》，经民间文化原则一"解构"，多数"英雄"都被边缘化了、轻视了，包括在天上暗中庇护他们的神。但赫克托耳却凸显出了人物的高大性，成了民间意识形态中真正的英雄。为什么呢？因为他对于弟弟诱拐别人妻子的行为事先是有所忠告的，事后是予以谴责的，并力图以"和"的方式阻止战端。但他没有成功。特洛伊城面临屠城灾难之际，他担负起了保城之责，英勇无畏地战死沙场，还蒙受了被拖尸示众的大耻。若以"成败论英雄"，他是败得很悲惨的人物，但他的形象在民间意识形态那里获得了敬意。为什么？因为他身上也具有仁、义、忠、勇。他明知自己战胜对手的机会几乎等于零，因为那对手是受战神雅典娜庇护的。但为了自己的亲人，为了全城百姓，他还是果敢地出城应战了。对方放言——如果他获胜了，对方将从敌营退出，而那意味着特洛伊得到了拯救。

同样，关羽也是失败的英雄。他是被俘、被斩首的英雄。他身上也具有仁、义、忠、勇的品质。经民间意识形态一"解构"，《三国演义》一概人物中，关羽成了流芳千古的英雄。民间意识形态有两条硬道理：其一是看一个人为百姓做出了何种牺牲，其二是看一个人将普世的人格原则坚持到了何种程度。还有一条软道理，即对失败的英雄的同情。两条硬道理中，关羽占了第二条，可谓以身作则。关羽身上的"义"，在民间意识形态中获得了认可，是"解构"之后的价值观存在。"胜者为王，败者为寇"，这是野心家们意识形态的原则。即使在现实中体现为规律，在民间也还是不能成为原则。所以我认为，民间意识形态是很厉害的。它不与王权意识形态争论，它靠时间来证明自己立场的意义。曹操倒是夺取了天下，但民间意识形态并不佩服曹操。以"胜王败寇"的史观诠释历史是庸俗的，将《三国演义》当成"谋略教科书"是不可取的。它堪称伟大并不是因为内容中充满了谋略，而是因为充满了极具经典性的文学创作的元素。一部同样字数的长篇小说，有几处具有经典性的情节就有些了不起了。但在《三国演义》中，具有经典性的情节不下二三十处。在文学价值上，真是太了不起了。作为中国的第一部长篇小说，它的产生，可谓横空出世啊！

关于文艺这种"软实力"

同学诸位：

前两节课，我们讲到了文艺的原属性和自觉性，这节课我们来谈谈文艺这种"软实力"的其他方面。毫无疑问，文艺是具有凝聚力的。纵观人类历史发展的过程，文艺的凝聚力在不同国家的不同历史时期，都曾体现得显而易见。

即使人们对于发生在18世纪末19世纪初的几乎在欧洲范围的无产阶级革命评说不一，但大多数人都会承认这样一个客观事实——《国际歌》对于当时的无产阶级革命起到了像号角一般的凝聚力，所以列宁当时曾说——《国际歌》是世界无产阶级和无产阶级之间的通行证，哪里响起《国际歌》，哪里就有无产阶级的自己人……

在抗日战争时期，被后来定为国歌的《义勇军进行曲》，对于我们中国人也起到了空前的凝聚作用。还比如《黄河大合唱》《新四军军歌》。当时延安有一位诗人叫田间，曾写下过这样的短诗：

假使我们不去打仗，
敌人用刺刀
杀死了我们，
还要用手指着我们骨头说：
"看，

这是奴隶！"

当年的中国，无论诗人、小说家，还是画家、戏剧家，他们中的许多人，都曾自觉地运用自己所擅长的文艺形式，为中国人民的抗日战争鼓与呼……

而相对于文艺的凝聚力，文艺还具有另一种不容忽视的反作用力，即文艺的解构力。我们可以依据充分的事实这样说，18世纪的欧洲无产阶级革命也罢，19世纪的无产阶级革命也罢，最初都是由文艺对专制统治的解构开始的。比如卢梭的政论散文、雨果的《悲惨世界》、契诃夫的《第六病室》，比如拜伦、雪莱、莱蒙托夫、海涅等诗人的诗。即使在绘画方面也是如此，比如莱尔米特的《收割者的报酬》，巴斯蒂昂·勒帕热的《垛草》，都充满同情地画出了终年辛劳却一无所获的农民的迷茫与无奈。而在珂勒惠支的画笔之下，那一种迷茫与无奈显然变成了几欲爆发的愤恨。简直可以说，那幅题目是《磨镰刀》的速写画，其实画的是一个在磨武器，准备参加起义的农民。还有俄国画家列宾的《伏尔加河上的纤夫》，画中那些列成长队、深弯下腰、低垂着头因而不见面孔的纤夫，是底层民众被压迫被剥削之命运的悲苦呈现……

文艺的解构力其实也就是我们常说的文艺的社会批判功能，人类的社会之进步和文明，既依赖于社会生产力的发展，也借助于文艺的批判功能。但是，只有当社会的腐败不堪已经到了普通人再难忍受的程度，文艺的批判力才足以体现为解构力。否则，只不过体现为正常的批判力而已。对社会阴暗现象丧失了正常的批判力的文艺，已经是不正常的文艺。而不正常的文艺，便对社会没有了多少自觉性可言，折射出的是社会本身的不正常……

文艺最可悲的情况是其丧失了自觉性，仅剩下了娱乐的原属性，另外还要加上附庸性。

变成了权力附庸产物的文艺，是没有了任何出息的文艺。文艺家若不幸生逢此等时代，想不平庸是需要勇气的，也是很难的。甚至，有勇气也白有勇气，因为他们的勇气面对强大的文化专制权力往往等于零。

文艺一旦变成了权力的附庸产物，那样的文艺便是伪文艺。

伪文艺不可能不是令人嫌恶和鄙视的。

伪文艺有时还是无耻的，因为它篡改历史。

"文革"后期有一首歌，只一句话——"无产阶级文化大革命就是好。"处处都会听到此歌。一句话反复唱，最后成为异口同声的口号。

当文艺沦落到了如此可悲的地步，也就同时意味着一个时代穷途末路了……

当那样的时代注定结束，文艺首先恢复的往往倒并非是它的原属性，而是它的自觉性。

此时的文艺的自觉性，通常体现为它的修正力，即不但修正时代的荒谬，也将修正文艺自身的荒谬。

于是文艺肩负起了恢复历史真相，重建社会正面价值体系，弘扬公平、正义和良知原则的使命。同时，也必然会积极发挥它的凝聚力……

同学诸位，由于课堂时间所限，我只不过简略地谈了谈我个人对文艺的理性认识，并没有展开来举出多少感性例子。

我们要达到之目的乃是——希望大家以后面对文艺作品时，习惯于从时代、技巧和艺术家的创作心理三方面看待之，理解之，评论之。任何一件文艺作品，无论对于文艺家而言，还是对于一个时代而言，都必然也是某种因果关系的产物。看清其因果关系，理解才会全面一些，客观一些，深刻一些；评论才会有意义一些，具有说服力一些，值得别人另眼相看一些。

也只有这样，才不枉学了四年中文……

叁 文学即人学

我的使命

据我想来,一个时代如果矛盾纷呈,甚至民不聊生,文学的一部分,必然是会承担起社会责任感的。好比耗子大白天率领子孙在马路上散步,蹲在窗台上的家猫发现了,必然会很有责任感或使命感地蹿到街上去,当然有的猫仍会处变不惊,依旧蜷在窗台上晒太阳,或者跃到宠养者的膝上去喵喵叫着讨乖。谁也没有权利,而且也没有办法,没有什么必要将一切猫都撵到街上去。但是在谈责任感或使命感时,前一种猫的自我感觉必然会好些。在那样的时代,有些小说家,自然而然地,可能由隐士或半隐士,而狷士[1]而斗士。有些诗人,可能由吟花咏月,而爆发出诗人的呐喊。怎样的文学现象,更是由怎样的时代而决定的。忧患重重的时代,不必世人翘首期待和引颈呼唤,自会产生出忧患型的小说家和诗人。以任何手段压制他们的出现都是煞费苦心、徒劳无益的。

倘一个时代,矛盾得以大面积地化解,国泰民安,老百姓心满意足,喜滋乐滋,文学的社会责任感,也就会像嫁入了阔家的劳作妇的手一样,开始褪茧了。好比现如今人们养猫只是为了予宠,并不在乎它们逮不逮耗子。偶尔有谁家的娇猫不知从哪个土祠旮旯逮住一只耗子,叼在嘴里喵喵叫着去向主人证明自己的责任感或使命感,主人心里一定是甭提多么腻歪的了。在耗子太多的时代,能逮耗子的才是好猫。人家里需要猫是因为不

---

[1] 狷士:指洁身自好的人。

需要耗子。人评价猫的时候，也往往首先评价它有没有逮耗子的责任感和使命感。在耗子不多了的时代，不逮耗子的猫才是好猫。人家里需要猫已并不是因为家里还有耗子。逮过耗子的猫再凑向饭桌或跃上主人的双膝，主人很可能正是由于它逮住耗子而呵喝它。嗅觉敏感的主人甚至会觉得它嘴里呼出一股死耗子味儿。在这样的时代，人们评价一只猫的时候，往往首先评价它的外观和皮毛。猫只不过是被宠爱和玩赏的活物，与养花养鱼已没了多大区别。狗的价值的嬗变也是这样。今天城里人养狗，不再是为了守门护院。狗市的繁荣，也和盗贼的多起来无关。何况对付耗子，今天有了杀伤力更强的鼠药。防患于失窃，也生产出了更保险的防盗门和防盗锁。

时代变了，猫变了，狗变了，文学也变了，小说家和诗人，不变也得变。原先是斗士，或一心想成为斗士以成为斗士为荣的，只能退而求其次变成猞士，或者干脆由猞士变成隐士。做一个现代的隐士并不那么简单，没有一定的物质基础虽然"隐"而"士"也总归潇洒不起来。所以旁操他业或使自己的手稿与"市场需求接轨"，细思忖也是那么情有可谅。非但情有可谅，简直就合情合理啊！鲁迅先生即便活到现在，并且继续活将下去的话，在当代青年对徐志摩的诗和梁实秋的散文很热衷了一阵子之后，还要坚持他的《"丧家的""资本家的乏走狗"》的风骨吗？他是不是也会面对各方约稿应酬不暇，用电脑打出一篇篇闲适得不能再闲适的文章寄出去期待着稿费养家糊口呢？

任何一个人几乎都有一百条理由仍做一个忧患之士，比如信仰失落，道德沦丧，民心不古，情感沙化，官僚腐败，歹徒横行，吸毒卖淫，"黑社会"形成，贫富两极悬殊，大款穷奢极欲、一掷万金，穷山沟里的孩子上不起学，男人娶不起老婆，拐卖妇女儿童案层出不穷……

这些足令某些人身不由己地变成忧患之士。如果他不幸同时还是小说家或诗人（今天诗人已经被时代消化得所剩无几了），那么他的小说里他的诗里，满溢着责任感使命感什么的，他大声疾呼文学要回归责任感使命感呀什么的，当他是个偏执狂，并不多么地公道，也难以证明自己才更是小说家或诗人。在他之前古今中外有过许许多多他这样的小说家和诗人，并不都是疯子，起码并不比尼采疯多少。比如杜甫和白居易的诗，直到今天仍在被世人经常引用，一点儿也不比被自作聪明的后人贴上"纯诗"之标签的李清照和"超现实主义"之标签的李白缺少价值……

任何一个人几乎又都有一百条理由做一个闲适之士。如果他刚好同时还是小说家或诗人，便几乎又都有一百条理由认为，文学的责任感已变得那么多余，已成一种病入膏肓的呓语。改革已取得了举世瞩目的伟大业绩，市场繁荣生活提高，"海"里很热闹岸上很消停，老百姓人人都一门心思挣钱奔小康，朗朗乾坤光明宇宙，文学远离现实的时代明明已经到来了，还遑论什么责任感使命感？还喋喋不休地干什么哇？烦人不烦人呀？在他之前古今中外有过许许多多他这样的小说家和诗人。他们的小说和诗正被一批又一批地重新发现重新评价重新出版掀起一阵阵的什么什么热，似乎证明了没什么社会责任感使命感的远比有责任感有使命感的小说或诗文学之生命力更长久……

倘偏说他们逃避现实也当然值得商榷。因为他们的为文的选择是不无现实根据的。

孰是孰非？

我想因人而异。甚至，更是因人的血质而异的吧？

当然，也由人所处的经济的、政治的、自幼生活环境和家庭影响的背景所决定的吧？南方老百姓对现实所持的态度，与北方老百姓相比就大有区别。

南方的作家和北方的作家，呈现出了近乎分道扬镳的观念态势，则也丝毫不足怪了。这就好比从前的猫与现在的猫，都想找到猫的那点子最佳的感觉，都以为自己找到的最佳亦最准确，其实作为猫，都仍是猫也不是猫了。于南方而言，并不意味着什么进化。于北方而言，并不意味着什么退化。只不过是同一个物种的嬗变罢了。何况，不论在南方还是北方，作家只剩一小撮了。

至于有几个西方人对中国文坛的评评点点，那是极肤浅极卖弄的。对于他们我是很知道一些底细的。他们来中国走了几遭，待了些日子，学会了说些中国话，你总得允许他们寻找到卖弄的机会。权当那是吃猫罐头长大的洋猫对中国的猫们——由逮耗子的猫变成家庭宠物的猫,以及甘心变成家庭宠物、仍想逮耗子的猫们的喵喵叫罢了。从种的意义上而谈,它们的嬗变先于我们。过来人总要说过来话,过来猫也如此。某届诺贝尔文学奖授予了一位美国黑人女作家,而她又是以反映黑人生活而无愧受之的,这本身就是对美国当代文学的一种含蓄的讽刺。

我与文学

我对文学的理解,以及我的写作,当然和许多人一样,曾受古今中外不少作品和作家的影响。影响确乎发生在我少年、青年和中年各个阶段。或持久,或短暂。却没有古今中外任何一位作家的文学理念和他们的作品一直影响着我。而我自己的文学观也在不断变化……

下面,我按自己的年龄阶段梳理那一种影响:

童年时期主要是母亲以讲故事的方式,向我灌输了某些戏剧化的大众文学内容,如《钓金龟》《铡美案》《乌盆记》《窦娥冤》《柳毅传书》《赵氏孤儿》《一捧雪》……

那些故事的主题,无非体现着民间的善恶观点和"孝""义"之诠释而已。母亲当年讲那些故事,目的决然不是培养我们的文学爱好。她只不过是怕我们将来不孝,使她伤心,并怕我们将来被民间舆论斥为不义小人,使她蒙耻。民间舆论的方式亦即现今所谓之口碑。东北人家,十之八九为外省流民落户扎根。哪里有流民生态,哪里便有"义"的崇尚。流民靠"义"字相互凝聚,也靠"义"字提升自己的品格地位。倘某某男人一旦被民间舆论斥为不义小人,那么他在品格上几乎就万古不复了。我童年时期,深感民间舆论对人的品格,尤其是男人们的品格所进行的审判,是那么权威,其公正性又似乎那么不容置疑。故我小时候对"义"也是特别崇尚的。但流民文化所崇尚的"义",其实只不过是"义气",是水泊梁山和瓦岗寨兄弟帮那一种"义"。与正义往往有着质的区别,更非仁义,然而母亲所讲的那些故事，毕竟述自传统戏剧，内容都是经过一代代戏剧家锤炼的，所传达的精神影响，也就多多少少地高于民间原则，比较具有文学美学的意义了。对于我，等于是母乳以外的另一种营养。

这就是我早期小说中的男人，尤其那些男知青人物，大抵都是孝子，又大抵都特别义气的原因。我承认，在以上两点，我有按照我的标准美化我笔下人物的创作倾向。

在日常生活中，"义"字常使我临尴尬事，成尴尬人。比如我一中学同学，是哈市几乎家喻户晓的房地产老板。因涉嫌走私，忽一日遭通缉——夜里一点多，用手机在童影厂门外往我家里打电话。白天我已受到种种忠告，电话一响，便知是他打来的。虽无利益关系，但真有同学之谊。不见，则不"义"；即往见之，则日后必有牵连。犹豫片刻，决定还是见。于是成了他逃亡国外前见到的最后一人。还要替他保存一些将来翻案的材料，还承诺三日内绝不举报。于是数次受公安司法部门郑重而严肃的面讯。说是审问也差不多。录口供，按手印，记录归档。

我至今困惑迷惘，不知一个头脑比我清醒的人，遇此事该取怎样的态度才是正确的态度？倘中学时代的亲密同学于落难之境急求一见而不见，结果虚惊一场，日后案情推翻（这种情况是常有的），我将有何面目复见斯人，复见斯人老母，复见斯人之兄弟姐妹？那中学时代深厚友情的质量，不是一下子就显出了它的脆薄性吗？这难道不是日后注定会使我们双方沮丧之事吗？

但，如果执行缉捕公务的对方不由分说，先关押我三个月五个月，甚或一年半载，甚至更长时间（我是为一个"义"字充分做好了这种心理准备的），我自身又会落入何境？

有了诸如此类的经历后，我对文学、戏剧、电影有了新的认识。那就是：凡在虚构中张扬的，便是在现实中缺失的，起码是使现实人尴尬的。此点古今中外皆然。因在现实中缺失而在虚构中张扬的，只不过是借文学、戏剧、电影等方式安慰人心的写法。这一功能是传统的功能，也是一般的功能。严格地讲，是非现实主义的，归为理想主义的写法或更正确。而且是那种照顾大众接受意向的浅显境界的理想主义写法。揭示那种种使现实人面临尴尬的社会制度的、文化背景的，以及人性困惑的真相的写法，才更是现实主义的写法。回顾我早期的写作，虽自诩一直奉行现实主义，其实是在理想主义和现实主义之间左顾右盼，每顾此失彼，像徘徊于两岸两片草地之间的那一头寓言中的驴。就中国文学史上呈现的状态而言，我认为，近代的现实主义文学，其暧昧性大于古代；现代大于近代；当代大于现代。原因不惟在当代主流文学理念的禁束，也由于我及我以上几代写作者根本就是在相当不真实的文化背景的影响之下成长起来的。它最良好开明时的状态也不过就是暧昧。故我们先天的写作基因是潜伏着暧昧的成分的。即使我们产生了叛逆主流文学理念禁束的冲动，我们也难以有改变我们先天基因的能力。

自幼所接受的关于"义"的原则，在现实之中又逢困惑和尴尬。对于写作者，这是多么不良的滋扰。倘写作者对此类事是不敏感的，置于脑后便是了。偏偏我又是对此类事极为敏感的写作者。这种有话要说不吐不快的冲动，每变成难以抗拒的写作的冲动。而后一种冲动下快速产生的，自然不可能是什么文学，只不过是文学方式的社会发言而已……

我非是那类小时候便立志要当作家才成为作家的人。在我仅仅是一个爱听故事的孩子的年龄，我对作家这种职业的理解是那么单纯——用笔讲故事，并通过故事吸引别人感动别人的人。如果说这种理解水平很低，那么我后来自认为对作家这种职业的似乎"成熟"多了的理解，实际上比我小时候的理解距离文学还要远些。因为讲故事的能力毕竟还可以说是作家在新闻评论充分自由的国家和时代，可能使人成为好记者。反之，对于以文学写作为职业的人，也许是一种精力的浪费吧？如果我在二十余年的写作时间里，在千余万字的写作实践中，一直游弋于文学的海域，而不每每地被文字方式的社会发言的冲动所左右，我的文学意义上的收获，是否会比现在更值得自慰呢？

然而我并不特别地责怪自己。因为我明白，我所以曾那样，即使大错特错了，也不完全是我的错。从事某些职业的人，在时代因素的影响下，往往会变得不太像从事那些职业的人。比如"文革"时期的教师都有几分不太像教师，"文革"时期的学生更特别地不像学生。于今的我回顾自己走过的文学路，经常替自己感到遗憾和惋惜，甚至感到忧伤……

比较起来，我还是更喜欢那个爱听故事的孩子年龄的我。作家对文学的理解也许确乎越单纯越好。单纯的理解才更能导我走上纯粹的路。而对于艺术范畴的一切职业，纯粹的路上才出纯粹的成果。

少年时期从小学四五年级起，我开始接触文学。不，那只能说是接近。此处所言之文学，也只不过是文学的胚胎。家居的街区内，有三四处小人儿书铺。我在那些小人儿书铺里度过了许多惬意的，无论什么时候回忆起来都觉得幸福的时光。今人大概一般认为，所谓文学的摇篮，起码是高校的中文系，或文学系。但对我而言，当年那些小人儿书铺即是。小人儿书文字简洁明快，且可欣赏到有水平的甚至堪称一流的绘画。由于字数限制所难以传达的细致的文学成分，在小人儿书的情节性连贯绘画中，大抵会得以形象地表现。而这一点又往往胜过文学的描写。对于儿童和少年，小人儿书的美学营养是双重的。

小人儿书是我能咀嚼文学之前的"代乳品"。

但凡是一家小人儿书铺，至少有五六百本小人儿书。对于少年，那也几乎可以说是古今中外包罗万象了。有些是当年翻译过来的外国当代作品，那样的一些小人儿书，以后的少年是根本看不到了。

比如《中锋在黎明前死去》——这是一本取材于美国当年的荒诞现实主义电影[1]的小人儿书，讽刺资本对人性的霸道的侵略。讲一名足球中锋，被一个资本家连同终身人身自由一次性买断。而"中锋"贱卖自己是为了给儿子治病。资本家还以同样的方式买断了一名美丽的芭蕾舞女演员、一只人猿、一位生物学科学家，以及另外一些他认为"特别"具有"可持续性"商业价值的人。他企图通过生物学科学家的实验和研究，迫使所有那些被他买断了终身人身自由的"特别"人相互杂交，再杂交后代，"培植"出成批的他所希望看到的"另类"人，并推向世界市场。"中锋"却与美丽的芭蕾舞演员深深相爱了，而芭蕾舞女演员按照某项她当时不十分明白的合同条款，被资本家分配给人猿做"妻子"……

---

[1] 电影《中锋在黎明前死去》疑应为阿根廷电影。

结局自然是悲惨的。美丽的芭蕾舞女演员被人猿撕碎,"中锋"掐死了资本家,生物学科学家疯了⋯⋯

而"中锋"被判死刑。在黎明前,在一场世界锦标赛的海报业已贴得到处可见之后,"中锋"被推上了绞架⋯⋯

这部典型的美国好莱坞讽刺批判电影,是根据一部阿根廷20世纪50年代的剧本改编的,其内容不但涉及资本膨胀的势力与在全世界都极为关注的"克隆"实验,在其内容中也有超前的想象。倘滤去其内容中的社会立场所决定了的成分,仅从文学的一般规律性而言,我认为作者的虚构能力是出色的。

那一本小人儿书给我留下极深的印象。

比如《前面是急转弯》——这是一部苏联当时年代的社会现实题材小说。问世后很快就拍成了电影,并在当年的中国放映过。但我没有机会看到它,我看到的是根据电影改编的小人儿书。

它讲述了这样一件事:踌躇满志、事业有成的男人,连夜从外地驾车赶回莫斯科,渴望着与他漂亮的未婚妻度过甜蜜幸福的周末时光。途中他的车灯照见了一个卧在公路上的人。他下车看时,见那人全身浸在一片血泊中。那人被另一辆车撞了。撞那人的司机畏罪驾车逃遁了。那人还活着,还有救,哀求主人公将自己送到医院去。在公路的那一地点,已能望见莫斯科市区的灯光了。将不幸的人及时送到医院,只不过需要二十几分钟。主人公看着血泊中不幸的人却犹豫了。他暗想如果对方死在他的车上呢?那么他将受到司法机关的审问,那么他将不能与未婚妻共同度过甜蜜幸福的周末了。难道自己连夜从外地赶回莫斯科,只不过是为了救眼前这个血泊中的人吗?他的车座椅套是才换的呀!那花了他不少的一笔钱呢!何况,没有第三者做证,如果他自己被怀疑是肇事司机呢?那么他的事业,他的地位,他的婚姻,他整个的人生⋯⋯

在不幸的卧于血泊中的人苦苦地哀求之下,他一步步后退,跳上自己的车,绕开血泊加速开走了。

他确实与未婚妻度过了一个甜蜜幸福的周末。

他当然对谁都只字不提他在公路上遇到的事,包括他深深地爱着的未婚妻。

然而他的车毕竟在公路上留下了轮印，他还是被传讯并被收押了。

在审讯中，他力辩自己的清白无辜。为了证明他并没说谎，他如实"交代"了自己的真实想法……

当然，肇事司机最终还是被调查到了。

无罪的他获释了。

但他漂亮的未婚妻已不能再爱他。因为那姑娘根本无法接受这样一个事实——她不但爱而且尊敬的这个男人，竟会见死不救。非但见死不救，还在二十几分钟后与她饮着香槟谈笑风生、诙谐幽默，并紧接着和她做爱……

他的同事们也没法儿像以前那么对他友好了……

他无罪，但依然失去了许多……

这部电影据说在当年的苏联获得好评。在当年的中国，影院放映率却一点儿也不高。因为在当年的中国，救死扶伤的公德教育深入人心，可以说是蔚然成风。这部当年的苏联电影所反映的事件，似乎是当年的中国人很难理解的。正如许多中国人当年很难理解安娜·卡列尼娜为什么非离婚不可……

我承认，我还是挺欣赏苏联某些文学作品和电影中的道德影响力的。

此刻，我伏案写到此处，头脑中一个大困惑忽然产生了——救死扶伤的公德教育（确切地说应该是人性和人道教育）在当年的中国确曾深入人心，确曾蔚然成风——但"文革"中灭绝人性和人道的残酷事件，不也是千般百种举不胜举吗？为什么一个民族会从前一种事实一下子就"转移"到后一种事实了呢？

是前一种事实不真实吗？

我是从那个时代成长过来的，我感觉那个时代在那一点上是真实的啊。

是后一种事实被夸张了吗？

我也是从后一个时代经历过来的，我感觉后一个时代确乎是可怕的时代啊。

我想，此转折中，我指的非是政治的而是人性的——肯定包含着某些规律性的至为深刻的原因。它究竟是什么，我以后要思考思考……

倘一名少年或少女手捧一本内容具有文学价值的小人儿书看着，无论他或她是在哪里看着，其情形都会立刻勾起我对自己少年时代看小人儿书度过的那些美好时光的回忆，并且，使我心中生出一片温馨的感动……

我至今保留着三十几本早年出版的小人儿书。

中学时代某些小人儿书里的故事深印在我头脑中，使我渴望看到那些故事在"大书"里是怎样的。我不择手段地满足自己对文学作品的阅读癖，也几乎是不择手段地积累自己的财富——书。

与我家一墙之隔的邻居姓卢。卢叔是个体收破烂儿的，经常收回旧书。我的财富往往来自他收破烂儿的手推车。我从中发现了《白蛇传》和《梁祝》的戏剧唱本，而且是解放前的，有点儿"黄色"内容的那一种。一部破烂不堪的《聊斋志异》也曾使我欣喜若狂，如获至宝。

《白蛇传》是我特别喜欢的文学故事。古今中外，美丽的，婉约的，缠绵于爱，为爱敢恨敢舍生忘死拔剑以拼的巨蛇只有一条，那就是白娘子白素贞。她为爱所受之苦难，使是中学生的我那么那么地心疼她。我不怎么喜欢许仙。我觉得爱有时是值得越乎理性的。白娘子对许仙的爱便值得他越乎理性地守住，既可超乎理性，又怎忍歧视她为异类？当年我常想，我长大了，倘有一女子那般爱我，则不管她是蛇，是狮虎，是狼甚至是鬼怪，我都定当以同样程度同样质量的爱回报她。哪怕她哪一天恶性大发吃了我，我也并不后悔。正如歌曲唱的"何必天长地久，只求此际拥有"。

但是《白蛇传》又从另一方面影响了我的情爱观，那就是——我从少年时期起便本能地惧怕轰轰烈烈的、不顾生不顾死的那一种爱。我觉得我的生命肯定不能承受爱得如此之重。向往之，亦畏之。少年的我，对家庭已有了责任意识，而且是必须担当的责任意识，故常胡思乱想——设若将来果真被一个女子以白蛇那一种不顾生不顾死的方式爱着了，我可究竟该怎么办才好呢？我是明明不可以相陪着不顾生不顾死地爱的啊！倘我为爱陪死了，谁来孝敬母亲呢？谁来照顾患精神病的哥哥呢？进而又想，我若一孤儿，或干脆像孙悟空似的，是从石头里"生"出来的，那多好。那不是就可以无牵无挂地爱了吗？这么想，又立刻意识到对父母对家庭很是罪过，于是内疚、自责……

《梁祝》的浪漫也是我极为欣赏的。

我认为这则文学故事的风格是完美的。以浪漫主义的"欢乐颂"式的喜悦情节开篇，以现实主义的正剧转悲剧的起承跌宕推进人物命运，又以更高境界的浪漫主义情调扫荡悲剧的压抑，达到想象力的至臻至美。它绮丽幽雅，飘逸隽永，"秾纤得衷，修短合度"。

我认为就一则爱情故事而言，其浪漫主义与现实主义相结合的出神入化，古今中外，无其上者。

据说，在某些大学中文系的课堂，《白蛇传》和《梁祝》的地位只不过列在"民间故事"的等级。而在我的欣赏视野内，它们是经典的、绝对一流的、正宗的雅文学作品。

梁斌的《红旗谱》以及下部《播火记》给我的阅读印象也很深。

《红旗谱》中有一贫苦农民是严志和，严志和有二子，长子运涛，次子江涛。江涛虽农家子，却仪表斯文，且考上了保定师专。师专有一位严教授，严教授有一独生女严萍，秀丽，聪慧，善良，具叛逆性格。她与江涛相爱。

中学时期的我，常想象自己是江涛，梦想班里似乎像严萍的女生注意我的存在，并喜欢我。

这一种从未告人的想象延续不灭，至青年，至中年，至于今。往往忘了年龄，觉得自己又是学生。相陪着一名叫严萍的女生逛集市。而那集市的时代背景，当然是《红旗谱》的年代。似乎只有在那样的年代，一串糖葫芦俩人你咬下一颗我咬下一颗地吃，才更能体会少年之恋的甜。在我这儿，一枝红玫瑰的感觉太正儿八经了；倘相陪着逛大商场，买了金项链什么的再去吃肥牛火锅，非我所愿，也不会觉得内心里多么美气……

当然我还读了高尔基的"三部曲"；读了《牛虻》《钢铁是怎样炼成的》《红岩》《斯巴达克斯》等。

蒲松龄笔下那些美且善的花精狐妹、仙姬鬼女，皆我所爱。松龄先生的文采，是我百读不厌的。于今，偶游刹寺庙庵，每作如是遐想——倘年代复古，愿寄宿院中，深夜秉烛静读，一边留心侧耳，若闻有女子低吟"玄夜凄风却倒吹，流萤惹草复沾帏"，必答"幽情苦绪何人见，翠袖单寒月上时"，并敲门礼纳……

另有几篇小说不但对我的文学观，而且对我的心灵成长、对我的道德观和人生观产生影响。

陀思妥耶夫斯基的《白夜》。

这是一个短篇。内容：一个美丽的少女与外祖母相依为命。外祖母视其为珠宝，唯恐被"盗"，于是做了一件连体双人衫。自己踏缝纫机时，与少女共同穿上，这样少女就离不开她了，只有端端地坐在她旁边看书。但要爱的心是管不住的。少女爱上了家中房客，一位一无所有的青年求学者，每夜与他幽会。后来他去彼得堡应考，泥牛入海，杳无音信。少女感到被弃了，常以泪洗面。在记忆中，此小说是以"我"讲述的。"我"租住在少女家阁楼上。"我"渐渐爱上了少女。少女的心在被弃的情况下是多么地需要抚慰啊！就在"我"似乎以同情赢得少女的心，就在"我"双手捧住少女的脸颊欲吻她时，少女猛地推开了"我"跑向前去——她爱的青年正在那时回来了……于是他们久久地拥抱在一起，久久地吻着……而"我"又失落又感动，心境亦苦亦甜，眼中不禁盈泪，缓缓转身离去。那一个夜晚月光如水。那是"我"记忆中最明亮的夜……

陀氏以第一人称写的小说极少。甚至，也许仅此一篇吧？此篇一反他一向作品的阴郁冷漠的风格，温馨圣洁。它告诉中学时期的我：爱不总是自私的。爱的失落也不必总是"心口永远地疼"……

马卡连柯的《教育诗》。内容：苏维埃共和国初期的孤儿院长马卡连柯，在孤儿院粮食短缺的情况下，将一笔巨款和一支枪、一匹马交给了孤儿中一个"劣迹"分明的青年，并言明自己交托的巨大信任，对孤儿院的全体孩子们意味着什么。那青年几乎什么也没表示便接钱、接枪上马走了。半个月过去，人们都开始谴责马卡连柯。但某天深夜，那青年终于疲惫不堪地引领着押粮队回来了，他路上还遇到了土匪，生命险些不保。

他问马卡连柯："院长，您是为了考验我吗？"马卡连柯诚实地回答："是的。""如果我利用了您的考验呢？""当时的情况不允许我这样想。你知道的，只有你一个人能完成任务。""那么，您胜利了。""不，孩子，是你自己胜利了。"高尔基看了《教育诗》大为感动，邀见了马卡连柯院长，促膝长谈。它使中学时期的我相信：给似乎不值得信任的人一次值得信任的机会，未尝不是必要的。人心渴望被信任，正如植物不能长期缺水。但是后来我的种种经历亦从反面教育我——那确乎等于是在冒险。

托尔斯泰的《复活》。

这部小说使中学时期的我害怕：倘一个人导致了另一个人的悲剧，而自己不论以怎样的方式忏悔都不能获得原谅，那么他将拿自己怎么办？

法朗士的《衬衫》。内容：国王生病，病症是备感自己的不幸福。于是名医开方——找到一件幸福的人穿过的衬衫让国王穿，幸福的微粒就会被国王的皮肤吸收。于是到处寻找幸福的人。举国上下找了个遍，竟无人幸福。那些因权力、地位、财富、名望、容貌而被别人羡慕的人，其实都有种种的不幸福。最令人苦笑不禁的是：有人因自己的妻子是国王的情妇而不幸福，也有人因自己的妻子不能是国王的情妇而不幸福。最后找到了一个在田间小憩的农夫，赤裸上身快乐吹笛。问其幸福否？答正幸福着。于是许以城池，仅求一衫。农夫叹曰：我穷得连一件衬衫都没有……

它使中学时期的我对大人们的人生极为困惑：难道幸福仅仅是一个词罢了？

后来我的人生经历渐渐教育我明白：幸福只不过是人一事一时或一个时期的体会。一生幸福的人，大约真的是没有的……

"文革"中我获得了一个绝好的机会——半个月内，昼夜看管学校图书室。那是我以"红卫兵"的名义强烈要求到的责任。有的夜晚我枕书睡在图书室。虽然只不过是一所中学的图书室，却也有两千多册图书。于是我如饥似渴地读雨果、霍桑、司汤达、狄更斯、哈代、卢梭、梅里美、莫泊桑、大仲马、小仲马、罗曼·罗兰等等。

于是我的文学视野，由苏俄文学而拓宽向18、19世纪西方大师们的作品……

拜伦的激情、雪莱的抒情、雨果的浪漫与恣肆磅礴、托尔斯泰的从容大气、哈代的忧郁、罗曼·罗兰的蕴藉深远以及契诃夫的敏感、巴尔扎克的笔触广泛，至今使我钦佩。

莎士比亚没怎么影响过我。

《红楼梦》我也不是太爱看。

却对安徒生和格林兄弟的童话至今情有独钟。

西方名著中有一种营养对我是重要的，那就是善待和关怀人性的传统以及弘扬人道精神。

今天的某些评者讽我写作中的"道义担当"之可笑。

而我想说：其实最高的道德非它，乃人道。我从中学时代渐悟此点。我感激使我明白这一道理的那些书。因而，在"文革"中，我才是一个善良的红卫兵。因而，大约在1984年，我有幸参加过一次《政府工作报告草案》的党外讨论，力陈有必要写入"对青少年一代加强人性和人道教育"。后来，"报告"中写入了，但修饰为"社会主义的人性和革命的人道主义教育"。我甚至在1979年就写了一篇辩文《浅谈"共同人性"和"超阶级的人性"》。以上，大致勾勒出了我这样一个作家的文学观形成的背景。我是在中外古典文学的影响之下决定写作人生的。这与受现代派文学影响的作家们是颇为不同的。我不想太现代，但也不会一味崇尚"古典"。因为中外古典文学中的许多人事，今天又重新在中国上演为现实。现实有时也大批"复制"文学人物及情节和事件。真正的现代的意义，在中国，依我想来，似应从这一种现实对文学的"复制"中窥见深刻。但这非是我有能力做到的。在中国古典小说中，我喜欢的名著依次如下：《三国演义》《西游记》《封神演义》《水浒传》《隋唐演义》《红楼梦》《老残游记》《聊斋志异》……我喜欢《三国演义》的气势磅礴、场面恢宏、塑造人物独具匠心的情节和细节。

中外评家在评到托尔斯泰的《安娜·卡列尼娜》时，总不忘对它的开卷之语溢美有加。正如我们都知道的，那句话是："幸福的家庭是相似的，不幸的家庭各有各的不幸。"

据说，托翁写废了许多页稿纸，苦闷多日才确定了此开卷之语。

于是都知道此语是多么多么好，此事亦成美谈。然我以为，若与《三国演义》的开卷之语相比，则似乎顿时失色。"话说天下大势，分久必合，合久必分。"我常觉得这是几乎只有创世纪的上帝才能说出来的话。当然，两部小说的内容根本不同，是不可以强拉硬扯地胡乱相比的。我明知而非要相比，实在是由于钦佩。

我一直认为这是一部关于一个国家的一次形成的伟大小说。它所包含的政治的、军事的、"外"交的以及择才用人的思想，直至现今依然是熠熠闪光的。在惊天地泣鬼神的大战役的背景之下刻画人物，后来无其上者。

《三国演义》是绝对当得起"高大"二字的小说。我喜欢《西游记》的想象力。我觉得那是一个人的想象天才伴随着愉快所达到的空前绝后的程度。娱乐全球的美国电影《蝙蝠侠》啦，《超人》啦，《星球大战》啦，一比就都被比得小儿科了。《西游记》乃天才的写家为我们后人留下的第一"好玩儿"的小说。《封神演义》的想象力不逊于《西游记》。它常使我联想到荷马的《伊利亚特》和《奥德赛》。"雷震子"和"土行孙"二人物形象，证明着人类想象力所能达到的妙境。在全部西方诸神中，模样天真又顽皮的爱神丘比特，也证明着人类想象力所能达到的妙境。东西方人类的想象力在这一点上相映成趣。

《封神演义》乃小说写家将极富娱乐性的小说写得极庄严的一个范本。《西游记》的"气质"是喜剧的，《封神演义》的"精神"却是特别正剧的，而且处处呈现着悲剧的色彩。

我喜欢《水浒传》刻画人物方面的细节。几乎每一个主要人物的出场都是精彩的，而且在文学的意义上是经典的。少年时我对书中的"义"心领神会。青年以后则开始渐渐形成批判的态度了。梁山泊好汉中有我非常反感的二人：一是宋江，一是李逵。我并不从"造反"的不彻底性上反感宋江，因为那一点也可解释成人物心理的矛盾。我是从小说写家塑造人物的"薄弱"方面反感他的。我从书中实在看不出他有什么当"第一把手"的特别的资格。而李逵，我认为在塑造人物方面是更加地失败了，觉得只不过是一个符号。他一出场，情节就闹腾，破坏我的阅读情绪。李逵这一人物简单得几乎概念化。关于他唯一好的情节，依我看来，便是下山接母。《水浒传》中最像煞有介事也最有损"好汉"本色的情节，是石秀助杨雄成功地捉了后者妻子的奸那一回。那一回一箭双雕地使两个酷武男人变得像弄里流氓。杨雄的杀妻与武松的弑嫂是绝不能相提并论的。武松的对头西门庆是与官府过从甚密的势力人物，武松的弑嫂起码还符合着一命抵一命的常理。杨雄杀妻时，从旁幸灾乐祸着的石秀的样子，其实是相当猥琐的。他后来深入虎穴暗探祝家庄的"英雄行为"，洗刷不尽他的污点……

《隋唐演义》自然不如《水浒传》那么著名，但比之《水浒传》，它似乎将"义"的品质提升了层次。瓦岗兄弟的成分，似乎也不像梁山好汉那么芜杂。而且，前者所反的，直接便是朝廷。他们的目标是明确的而不是暧昧的，他们是比宋江们更众志成城的，所以他们成功了。秦琼这个人物身上所体现的"义"，具有"仁义"的意义，是所有的梁山好汉们身上全都不曾体现出来的……

我不是多么喜欢《红楼梦》这部小说。

它脂粉气实在是太浓了，不合我阅读欣赏的"兴致"。

我想，男人写这样的一部书，不仅需要对女人体察入微的理解，自身恐怕也得先天地有几分女人气的。曹雪芹正是一位特别女人气的天才。但我依然五体投地地佩服他写平凡，写家长里短的非凡功力。我常思忖，这种功力，也许是比写惊天动地的大事件更高级的功力。西方小说中，曾有"生活流"的活跃，主张原原本本地描写生活，就像用摄像机记录人们的日常生活那样。我是看过几部"生活流"的样板电影的。那样的电影最大程度地淡化了情节，也根本不铺排所谓矛盾冲突。人物在那样的电影里"自然"得怪怪的，就像外星人来到地球上将人类视为动物而拍的"动物世界"。那样的电影的高明处，是对细节的别具慧眼的发现和别具匠心的表现。没了这一点，那样的电影就几乎没有任何欣赏的价值了。

我当然不认为《红楼梦》是什么"生活流"小说。事实上《红楼梦》对情节和人物命运的设计之讲究，几乎到了考究的程度。但同时，《红楼梦》中充满了对日常生活细节，以及人物日常情绪变化的细致描写。那么细致需要特殊的自信，其自信非一般写家所能具有。

《红楼梦》是用文学的一片片细节的"羽毛"成功地"裱糊"了的一

只天鹅标本。它的写作过程显然可评为"慢工出细活儿"的范例。我由衷地崇敬曹雪芹在孤独贫病的漫长日子里的写作精神。那该耐得住怎样的寂寞啊。曹雪芹是无比自信地描写细节的大师。《红楼梦》给我的启示是：细细地写生活，这一对小说的曾经的要求，也许现今仍不过时……

我喜欢《老残游记》，乃因它的文字比《二十年目睹之怪现状》《儒林外史》《官场现形记》都好些，结构也完整些，还因它对自然景色的优美感伤的描写。

《聊斋志异》不应算白话小说，而是后文言小说。我喜欢的是它的某些短篇。至于集中的不少奇闻逸事，现今的小报上也时有登载，没什么意思的。

我至今仍喜欢的外国小说是：《约翰·克利斯朵夫》《悲惨世界》《九三年》《大卫·科波菲尔》《安娜·卡列尼娜》《红与黑》《红字》《德伯家的苔丝》《简·爱》，巴尔扎克和梅里美的某些中短篇代表作……

我不太喜欢《雾都孤儿》《呼啸山庄》那一类背景潮湿阴暗，仿佛各个角落都潜伏着计谋与罪恶，而人物心理或多或少有些变态的小说……

《堂吉诃德》我也挺喜欢。有三位外国作家的作品是我一直不大喜欢得起来的：陀思妥耶夫斯基、左拉、劳伦斯。

一个事实是那么地令我困惑不解：资料显示，陀氏活着的时候，许多与他同时代的俄国人，甚至可以说大多数与他同时代的俄国人谈论起他和他的作品，总是态度暧昧地大摇其头。包括许多知识分子和他的作家同行们。他们的暧昧中当然有相当轻蔑的成分。一些人的轻蔑怀有几分同情，另一些人的轻蔑则彻底地表现为难容的恶意。陀氏几乎与他同时代的任何一位作家都没有什么密切的往来，更没有什么友好的交往。他远远地躲开着所谓文学的沙龙，那些场合也根本不欢迎他。他离群索居，在俄国文坛的边缘，默默地从事他那苦役般的写作。他曾被流放西伯利亚，患有癫痫病，最穷的日子里买不起蜡烛。他经常接待某些具有激进的革命情绪的男女青年。他们向他请教拯救俄国的有效途径，同时向他鼓吹他们的"革命思想"。而他正是因为头脑之中曾有与他们相一致的思想才被流放西伯利亚的，并且险些在流放前被枪毙。于是他以过来人的经验劝青年们忍受，热忱地向他们宣传他那种"内部革命"的思想。他那种思想有点儿接近"文革"时期倡导的"斗私批修""灵魂深处爆发革命"。他相信并且强调,"一个"真的正直的人的榜样的力量是无穷的。他更加热忱地预言,只要这样的"一个"人确乎出现了,千万民众就会首先自己洗心革面地追随其后,于是一个风气洁净美好的新社会就自然而然地形成了。那"一个"人究竟应该是怎样的呢,便是他《白痴》中的梅什金公爵了。一个从精神病院出来的,和他自己一样患有癫痫病的没落贵族后裔。他按照自己的标准,将他用小说为人类树立的榜样塑造成一个单纯如弱智儿,集真善美品质于一身的理想人物。而对于大多数精神被社会严重污染与异化的人,灵魂要达到那么高的高度显然不但是困难的,而且是痛苦的。他在《罪与罚》中成功地揭示了这种痛苦,并试图指出灵魂自新的方式。他自信地指出了,那方式便是他"灵魂深处爆发革命"的主张。当然,他的"革命"说,非是针对社会的行为,而是每一个人改造自己灵魂的自觉意识……

综上所述,像他这样一位作家,在活着的时候,既受到思想激进者们的嘲讽,又引起思想保守者们的愤怒是肯定的。因为他的梅什金公爵,分明不是后者们所愿承认的什么榜样。他们认为他是在通过梅什金公爵这一文学形象影射他们的愚不可及。而他欣赏他的梅什金公爵又是那么地由衷,那么地真诚,那么地实心实意。

陀氏在他所处的时代是尴尬的,遭受误解最多的。他的众多作品带给他的与其说是荣耀和敬意,还莫如说是声誉方面的伤痕。

但也有资料显示,在他死后,"俄国的有识之士全都发来了唁电"。

那些有识之士是哪些人?资料没有详列。

是因为他死了,"有识之士"们忽然明白,将那么多的误解和嘲讽加在他身上是不仁的,所以全都表示哀悼;还是后来研究他的人,认为与他同时代的"有识之士"们对他的态度是可耻的,企图掩盖历史的真相呢?

我的困惑正在此点。

我是由于少年时感动于他的《白夜》才对他发生兴趣的。到"上山下乡"前,我已读了大部分他的小说的中文译本。以后,便特别留意关于他的评述了。

我知道托尔斯泰说过嫌恶陀氏的话，而陀氏年长他七岁，成名早于他十几年，是他的上一代作家。

高尔基甚至这么评价他："陀思妥耶夫斯基无可争辩、毫无疑问的是天才。但这是我们的一个凶恶的天才。"

车尔尼雪夫斯基更是曾几乎与他势不两立。

苏维埃成立以后，似乎列宁和斯大林都以批判性的话语谈论过他。

于是陀氏在苏联文学史上的地位一再低落。

而相应的现象是，西方世界的文学评论，将他推崇为俄国第一伟大的作家，地位远在屠格涅夫、托尔斯泰之上。这有西方新兴文学流派推波助澜的作用，也有意识形态冷战的因素。

我不太喜欢他，仅仅是不太喜欢他而已，并不反感他。我的不太喜欢，也完全是独立的欣赏感受，不受任何方面的评价的影响。我觉得陀氏的小说中，不少人物身上都有神经质的倾向。在现实生活中我非常难以忍受神经质的人在我眼前晃来晃去，读同样文学状态的小说，我亦会产生心烦意乱的生理反应。我一直承认并相信文学对于人的所谓灵魂有某种影响力，但是企图探讨并诠释灵魂问题的小说却是使我望而生畏的。陀氏的小说中有太浓的宗教意味，而且远不如宗教理念那么明朗健康。最后一点，在对一切艺术的接受习惯上，"病态美学"是我至今没法儿亲和的。而陀氏的作品，是我所读过的外国小说中病态迹象呈现得显著的……

我觉得高尔基评说陀氏是"一个凶恶的天才"，用词太狠了，绝对不公正。我认为陀氏是"一个病态的天才"。首先是天才，其次有些病态。因其病态而使作品每每营造出紧张压抑、阴幻异迷的气氛，而这正是许多别的作家纵然蓄意也难以为之的风格。陀氏的作品凭此风格独树一帜。但那的确非是我所喜欢的小说的风格。他常使我联想到凡·高。凡·高是一个心灵多么单纯的大儿童啊！西方的评论也认为陀氏是一个心灵单纯的大儿童。我却不这么认为，我觉得恰恰相反。身为作家，也许陀氏的心灵常常处在内容太繁杂太紊乱的状态了。因为儿童是从来不想人的灵魂问题的。成年人难免总要想想的，但若深入地去想，是极糟糕的事。凡·高以对光线和色彩特别敏感的眼观察大自然，因而留给我们的是美；陀氏却以对人心特别敏感的、神经质的眼观察罪恶在人心里的起源，因而他难免写出一些使人看了不舒服的东西。这乃是作家与画家相比，作家注定了容易遭到误解与攻讦的前提。除了陀氏的《白夜》，我还喜欢他的《穷人》。我对他这两篇作品的喜欢，和对他某些作品的不喜欢，只怕是难以改变的了……

在20世纪80年代以前，对于我这样一个由喜欢看小人儿书而接触文学的少年，爱弥尔·左拉差不多是一位陌生的法国作家的名字。倒是曾经与他非常友好，后来又化了名在报上攻击他的都德，给我留下极深的记忆。这乃因为，都德的短篇《最后一课》，收入过初中一年级的语文课本里，也被改编成小人儿书。而且，在收音机里反复以广播小说的形式播讲过。

在我少年时代的小人儿书铺里，我没发现过由左拉的小说改编的小人儿书。肯定是由于左拉的小说不适合改编成小人儿书供少年们看。在我是知青的年龄，曾极短暂地拥有过一部左拉的《娜娜》。

那时我已是"兵团"的文学创作员。每年有一次机会到"兵团"总司令部佳木斯市去接受培训。我的表哥居佳木斯市。我自然会利用每次接受培训的机会去看他。有次他不在家，我几乎将他珍藏的外国小说"洗劫"一空，塞了满满一大手提包带回了我所在的一团宣传股，其中就包括左拉的《娜娜》。手提包里的外国小说其实我都看过，唯《娜娜》闻所未闻。我几次想从提包里翻出来在列车上看，但是不敢。因为当年，一名青年在列车上看一部外国小说已有那么几分冒天下之大不韪，倘书名还是《娜娜》这么容易使人产生猜想的外国小说，很可能会引起"革命"目光的关注。我认识的几名知青曾在探家所乘的列车上传看过《黑面包干》这么一部苏联小说，受到周围"革命"乘客的批评而不以为然，结果"革命"乘客们找来了列车长和乘警。列车长和乘警以"有义务爱护青年们的思想"为由收缴《黑面包干》。那几位知青据理力争，振振有词，说《黑面包干》怀着敬爱之情写到列宁，是一部好小说。对方说，有些书表面看起来是好的，却在字里行间贩卖修正主义的观点。于是强行收缴了去，使那几名知青一路被周围乘客以看待问题青年的眼光备受关注，言行自然不得……

他们的教训告诉我，还是在列车上不看《娜娜》的好。

而这就使我失去了一次当年领略左拉小说的机会。因为，我回到一团团部，将手提包放在宣传股的桌上，去上厕所的当儿，书已被瓜分一空，急赤白脸地要都没人还回一本。《娜娜》自然也不翼而飞。

在复旦大学中文系的内部阅览室，我借阅过左拉的《小酒店》。序言评价那部小说"无情地揭露了资本主义社会制度"。它写的是一名工人和他的妻子从精神到肉体堕落及毁灭的过程。我觉得左拉式的现实主义"真实"得使人周身发冷，使人绝望——对社会制度作用下的底层人群的集体命运感到绝望。在《小酒店》中，底层人物的形象粗俗、卑贱，几乎完全丧失人的自尊意识，并且似乎从来也没感到过对它的需要。他们和她们生存在潮湿、肮脏，到处充满着污秽气味和犯罪企图的环境里，就像狄更斯《雾都孤儿》里那些被上帝抛弃了的、破衣烂衫的、早晨一睁开双眼便开始寻思到哪儿去偷点儿什么东西的孩子。我们在读《雾都孤儿》时，内心会情不自禁地涌起一阵阵同情。但是在《小酒店》里，我们的同情被左拉那支笔戳得千疮百孔。因为儿童还拥有将来，留给我们为他们命运的改变作祈祷和想象的前提。而《小酒店》里的成年男女已没有将来。他们的将来被社会也被他们自己扔在劣质酒缸里泡尽了生命的血色……

我是自少年起读另一类现实主义小说长大的，它们被冠以"革命现实主义"。在"革命现实主义"小说里，底层人物的命运虽然穷困无助甚或凄惨，但至少还有一种有希望的东西——那就是赖以自尊和改变命运的品质资本。还有他们和她们那一种往往被描写得美好而又始终不渝，令人羡慕的经得起破坏的爱情。这两种"革命现实主义"小说几乎必不可少的因素，在左拉的批判现实主义小说里是少见的。与许多批判现实主义小说尤其不同的是，左拉的批判现实主义小说的笔触极冷，使人联想到"零度感情"状态之下那一种写作。

我后来对于法国历史有了一点儿了解，开始承认左拉自称"自然主义"的那一种现实主义，可能更真实地逼近他所处的法国的时代现实的某一面。

而我曾扪心自问，我对左拉式的现实主义保持阅读距离，当然不是左拉的错，而是由于我自己即使作为读者，也一直缺少阅读另类现实主义小说的心理准备。进一步说，我这样的一个自诩坚持现实主义的中国作家，也许是不太有勇气目光逼近地面对更真实太真实的现实的。

毕竟，我在我的阅读范围伴随之下的成长，决定了我是一个温和的现实主义作家——与左拉的写作相比较而言。

在对现实主义的理念方面，我更倾向于巴尔扎克。

巴尔扎克对现实的批判态度体现得更睿智一些，因而他将他的系列小说统称为《人间喜剧》。左拉对现实的批判态度却体现得更"狠"一些……我在大学里也读了左拉的《娜娜》。那部小说讲述富有且地位显赫的男人们，怎么样用金钱深埋一个风尘女子于声色犬马的享乐的泥沼里，而她怎么样游刃有余地利用她的美貌玩弄他们于股掌之上。结局是她患了一种无药可医的病，像一堆腐肉一样烂死在床上。

娜娜式的人生，确切地说是女人的人生，在现今的中国举不胜举。其大多数活得比娜娜幸运。倘我们不对"幸福"二字做太过理想主义的理解，那么也可以认为她们的人生不但是幸福的，而且是时兴的。她们中绝少有人患娜娜那一种病，也绝少有人的命运落到娜娜那种可怕的下场。她们生病了，一般总是会在宠养她们的男人们的安排之下，享受比高干还周到的医疗待遇。左拉将他笔下的娜娜的命运下场设计得那么丑秽，证明了左拉的现实主义的确是相当"狠"的一种，比死亡还"狠"。

先我读过《娜娜》的同学悄悄而又神秘地告诉我："那绝对是值得一读的小说，我刚还，你快去借……"

我借到手了。两天内就读完了。

读过哈代的《德伯家的苔丝》、小仲马的《茶花女》，再读左拉的《娜娜》，只怕是没法儿不失望的。

我想，我的同学说它"绝对是值得一读的"，也许另有含意。

《卢贡家族的家运》和《萌芽》才是左拉的代表作。可惜以后我就远离左拉的小说了，至今没读过。

既没读过左拉的代表作，当然对左拉小说的看法也就肯定是不客观的。比如在以上两部小说中，文学研究资料告诉我，左拉对底层人物形象，确切地说是对法国工人的描写，就由"零度感情"而变得极其真诚热烈了。

好在我写到左拉其实非是要对左拉进行评论，而主要是分析我自己对现实主义的矛盾心理和暧昧理念。

我认为《红与黑》《红字》《简·爱》《复活》《安娜·卡列尼娜》《茶花女》《德伯家的苔丝》《巴黎圣母院》《红楼梦》《聊斋志异》等等都是初中的男孩子女孩子皆可看的书。只要不影响学业，家长们若加以斥责，老师们若反对，那便是家长和老师们的偏狭了。

至于另外一些书，虽然一向也有极高的定评，比如《金瓶梅》或类似的书，我想，我还是不必去实践着写吧。

我渐渐悟到了这么一点——文学的某些古典主义的原理，在现代还远远没被证明已完全过时。也许正是那些原理，维系着人与文学类的书的古老亲情，使人读文学类的书的时光，成为美好的时光，也使人对文学类的书的接受心理，能处在一种优雅的状态。

我想我要从古典主义的原理中，再多发现和取来一些对我有益的东西，而根本不考虑结果自己会否迅速落伍……

最后我想说，我特别特别钦佩左拉在"德雷福斯"案件中的勇敢立场。他为他的立场付出了全部积蓄，再度一贫如洗，同时牺牲了健康、名誉，还被判了刑，失去了朋友，成了整个法兰西的"敌人"，并且被逐出国。

然而他竟没有屈服。

十二年以后他的立场才被证明是正确的。

我认为那件事是左拉人生的"绝唱"。

是的，我特别特别钦佩他此点。

因为，即使在我是血气方刚的青年时都没勇气像左拉那样；现在，则更没勇气了……

劳伦斯这位英国作家是从 20 世纪 80 年代中期才渐入我头脑的。

那当然是由于他的《查泰莱夫人的情人》中译本的出版。

"文革"前那一部书不可能有中译本。这是无须赘言的——但新中国成立前有。

1974 至 1977 年间，我在复旦大学中文系的"内部图书阅览室"也没发现过那一部书和劳氏的别的书。因而，《查泰莱夫人的情人》中译本出版前，我惭愧地承认，对我这个自认为已读过了不少外国小说的"共和国的同龄人"，劳伦斯是一个完全陌生的名字。

读过《查泰莱夫人的情人》的中译本以后，我看到了同名的电影的录像。并且，自己拥有了一盘翻转的。书在当年出版不久便遭禁，虽已是"改革开放"年代，虽我属电影从业人员，但看那样一盘录像，似乎也还是有点儿犯忌。知道我有那样一盘录像的人，曾三四五人神秘兮兮地要求到我家去"艺术观摩"，而我几乎每次都将他们反锁在家里。

好多家出版社当年出版了那一部小说。

不同的出版说明和不同的序，皆将那一部小说推崇为"杰作"，皆称劳氏为"天才"的或"鼎鼎大名"的小说家，同时将"大胆的""赤裸裸的""惊世骇俗"的性爱描写"提示"给读者。当然，也必谈到英国政府禁了它将近四十年。

我读那一部小说没有被性描写的内容震撼。

因为我那时已读过《金瓶梅》，还在北影文学部的资料室读到过几册明清年代的艳情小说。《金瓶梅》的"赤裸裸"性爱描写自不必说。明清年代那些所谓艳情小说中的性爱描写，比《金瓶梅》有过之而无不及。在中国各朝各代非"主流"文学中，那类小说俯拾皆是。当然，除了"大胆的""赤裸裸的"性爱描写这一共同点，那些东西是不能与《查泰莱夫人的情人》相提并论的。

有比较才有鉴别。

读而后比较的结果是——使劳氏鼎鼎大名的他的那一部小说，在性爱描写方面，反而显得挺含蓄，挺文雅，甚而显得有几分羞涩似的了。总之我认为，劳氏毕竟还是在以相当文学化的态度在他那部小说中描写性爱的。我进一步认为，毫不含蓄地描写性爱的小说，在很久以前的中国，倒可能是世界上最多的。那些东西几乎无任何文学性可言。

我非卫道士。

但是我一向认为，一部小说或别的什么书，主要以"大胆的""赤裸裸的"性爱描写而闻名，其价值总是打了折扣的。不管由此点引起多么大的沸扬和风波，终究不太能直接证明其文学的意义。

故我难免会按照我这一代人读小说的很传统的习惯，咀嚼《查泰莱夫人的情人》的思想内容。

我认为它是一部具有无可争议的思想内容的小说。

那思想内容一言以蔽之就是——对英国贵族人士表示了令他们难以沉默的轻蔑。因为劳氏描写了他们的性无能，以及企图遮掩自己性无能真相的虚伪。当然，也就弘扬了享受性爱的正当权利。

我想，这才是它在英国遭禁的根本缘由。

因为贵族精神是英国之国家精神的一方面，贵族形象是英国民族形象历来引以为豪的一方面。

在此点上，劳氏的那一部书，似又可列为投枪与匕首式的批判小说。

但英国是小说王国之一。

英国的大师级小说家几个世纪以来层出不穷，一位位彪炳文史，名著之多也是举世公认的。与他们的作品相比，劳氏的小说实在没什么独特的艺术造诣。就论对贵族人士及阶层生活形态的批判吧，劳氏的小说也不比那些大师的作品更深刻更有力度。

但让劳氏鼎鼎大名起来的，分明非是他的小说所达到的艺术高度，而是他的《查泰莱夫人的情人》当时及以后所造成的新闻。

我想，也许我错了，于是借来了他的《儿子与情人》认真地看了一遍。

我没从他的后一部小说看出优秀来。

由劳氏我想到了两点。第一点，我们每一个人作为读者，是多么容易受到宣传和炒作的影响啊，正如触目皆是的广告对我们每一个人的消费意识必发生影响一样。这其实不应感到害羞，也谈不上是什么弱点。但如果不能从人云亦云中摆脱出来，那则有点儿可悲了。第二点，我敢断言，中外一切主要因对性的描写程度"不当"而遭禁的书，那禁令都必然是一时的，有朝一日的解禁都是注定了的。虽禁之未必是作者的什么耻辱，但解禁也同样未必便是一部书的荣耀。

人类文明到今天，对性事的禁忌观念已解放得够彻底，评判一部小说的价值，当高出于论性的是是非非。倘在性以外的内容所留的评判空间庸常，那么"大胆"也不过便是"大胆"，"赤裸裸"也不过便是"赤裸裸"……

我这一种极端个人化的读后杂感，仅作一厢情愿的自言自语式的记录而已，不想与谁争辩的。

随提一笔，根据《查泰莱夫人的情人》改编的电影，抹淡了原著对英国贵族人士的轻蔑，裸爱镜头不少，但拍得并不猥亵。尽管算不上一部多么好的电影，却还是可归于文艺片之列的。

我也基本上同意这样的评论：就劳伦斯本人而言，他对性爱描写的态度，显然是诚实的、激情的和健康的。

我不太喜欢他和他的小说，纯粹由于艺术性方面的阅读感觉。

现在，我要回过头来再谈我自己写作实践中的得失。

首先我要提的是《一个红卫兵的自白》。这本书对于在"文革"中刚刚出生和"文革"以后出生的很年轻的一代，比较感性地认识"文革"，有一点点解惑的意义。写时的动机正在于此。但也就是一点点的解惑意义而已。因我所经历的"文革"，其具体背景，只不过是一座城市一个省份。而且，只不过是以一名普通中学生的见闻、思想和行为来经历的，自身认识的局限是显然的。虽则"大串联"使我能够写入书中的内容丰富了些，却仍只不过是见闻和一己感受而已。

我更想说的是，也许，此书曾给中国的"新时期"文学，亦即粉碎"四人帮"以后的文学，带了一个很坏的头。它是当年第一部写"文革"中的红卫兵心路的长篇小说。按我的初衷，自然是作为小说来写的。本身曾是红卫兵，自然以第一人称来写。既以第一人称来写，也索性便将自己的真实姓名写入书中了。刊物的编辑收到稿件后来电话说：这部小说很怪呀，你看专辟一个栏目，将它定为"纪实小说"行不行？我说：行呀。有什么不行呢？那大约是1985年。我被社会承认是作家才三年多。对于小说以外的文学名堂还所知甚少，也是第一次听到"纪实小说"这一提法。

它当年只发表了一半，另一半刊物不敢发表了。似乎正是从此以后，"纪实小说"很流行了一阵子。接二连三，在文学界招惹了不少是是非非，连我自己也曾受此文学谬种的严重伤害。

因为"纪实"而又"小说"的结果是明摆着的——利用小说形式影射攻击的事例，古今中外，举不胜举。此本伤人阴伎，倘再冠以"纪实"，被攻击的人哪有不"体无完肤"的呢？若被文痞们驾轻就熟地惯以用之，喷泄私愤，好人遭殃。

故我对"纪实小说"这一文学种类已无好感。《从复旦到北影》及《京华闻见录》两篇，继《一个红卫兵的自白》之后不久发表。

在复旦我既获得过老师们的关怀爱护，也受到过一些委屈。那些委屈今天看来是微不足道的，与上一代人的人生磨砺相比更是不值言说的。但我当年才二十五六岁，心理承受能力毕竟脆弱。自以为承受能力强大，其实是脆弱的。何况，从童年至少年至青年，虽然成长于贫穷之境，却一向不乏友爱，难免娇气。又一向被视为好儿童好少年好青年，当知青班长代理排长连队教师，人格方面特别地自尊。偏那委屈又是冲着人格方面压迫来的，于是耿耿心头，不吐不快。

故《从复旦到北影》中，有积怨之气、牢骚之词，也有借题发挥、情节演绎的成分。

它证明当年的我，对自己笔下的文字责任感意识不强，要求不高。

倘如今年，心头委屈积怨全释，平和宽厚回望当年人事纷纭，情理梳析，摈弃演绎，娓娓道来，于山雨穴风的政治背景下，翔实客观地反映"工农兵学员"的大学体会和感受，必将是另一面貌，也会有更大的认识价值。

那多好呢！

《京华闻见录》中所录的纪实成分多了，演绎成分少了。就我这样一个具体的中国人的观念而言，就我这样一个当年被视为有"异端思想"的作家而言，却又"正统"多了些，思想拘泥呆板了些。文字的放纵，是弥补不了这一点的。

当年我才三十四五岁。刚入全国作家协会一年多。自以为责人颇宽，克己颇严，其实今天文坛上某些年轻人的轻狂浅薄、刚愎自信、躁行戾气，我身上都是存在过的。

以上两篇，虽能从中看到我的一些真实经历、真实性情、真实心路、真实思想，虽能从中看到一些当年的时代特色、社会状态、人生杂相，虽读起来或挺有意思——但毕竟的，因先天不足，乏大器而呈小器，乏冷静而显浮躁，乏庄重而露轻佻，乏深刻而贩浅薄……

《泯灭》这一部小说，现在看来，前半部较后半部要写得好一点。因为前半部有着自己童年和少年时期的生活为底蕴，可取从容平实、娓娓道来的写法。虽然平实，但情节、细节都是很个人化的，便有独特性，非别人的作品里所司空见惯的。后半部转入了虚构。虚构当然乃是小说家必备的能力，也是起码的能力。但此小说的后半部，实际上是按一个先行的既定的"主题"轨路虚构下去的——对金钱的贪婪使人性扭曲，使人生虽有沉浮荣辱，最终却依然归于毁败。这样的人物，以及由其身上生发出来的这样的主题，当然并没什么不对。

翟子卿式的人物在20世纪80年代以后的中国现实生活中也并不少，有些典型意义。但此"主题"却太古老陈旧了。近几个世纪以来，尤其西方资本主义时期以来，无数作品都反映过这个"主题"。可以说，20世纪80年代以来的第一桩中国经济案中，也都通过真人真事包含了这个主题。而在现实主义小说中，主题对作品有魂的意义。泛化的主题尽管不失为主题，却必然决定了作品的魂方面的简浅常见。

在我的友情关系和亲情关系中，很有一些和我一样的底层人家的儿子，中年命达，或为官掌权，或从商暴富。但近十年间，却接二连三地纷纷变成为阶下囚，往日的踌躇满志化作南柯一梦。他们所犯之案，或省级大要案，或列入全国大要案。这使我特别痛心，也每叹息不已。由于友情和亲情毕竟存在过，法理立场上就难以做到特别鲜明。这种沉郁暧昧的心理，需要以一种方式去消解。而写一部小说消解之对我来说是自然而然的方式。直奔一个简浅常见的主题而去，又成了最快捷的方式——我在写作中竟未能从此心理因素的纠缠中明智而自觉地摆脱，全受心理因素的惯力所推，小说便未能在"主题"方面再深掘一层，此一憾也……

喜读引我走上了写的不归人生路。然读之于我，在绝大多数情况之下并不是为了促进写。读只不过是少年时养成的习惯，是美好时光的享受而已。我的读又是那么不系统。索性，也便不求系统了。我从读中确乎受益匪浅。书对我的影响，少年时大于青年时，青年时大于现在。现在我对社会及人生已形成了自己的看法，非是读几本什么书所能匡正或改变的。尽管如此，以后我不写了，仍会是一个习惯了闲读的人。读带给我的一种清醒乃是——明白自己以往写得多么平庸……

人和书的亲情

许多人与书的关系，犹如与至爱亲朋的关系。这么比喻甚至都不够准确——因为他们或她们对书的感情往往深到挚爱深到痴爱的程度。谈起书，这些人爱意绵绵、一往情深，仿佛是在谈人生的第一个恋人、好朋友或可敬的师长，仿佛书是他们或她们的情人、知己、忘年交……

大约在三十年前，一个上海女孩儿成了云南插队知青。她可算是知青一代中年龄最小的一个了，才十四五岁。她是一个秀丽的上海女孩儿，曾被上海电影制片厂的导演邀去试过镜头。女孩儿的父母作为大学里的教育领导，"文革"中在劫难逃，自然是被首批打入另册的了。女孩儿的家自然也是被抄过的了。在"文革"中，知识分子的家一旦被抄，那么便再也找不到一本书了。

女孩儿特伤心，为那些无辜的书哭过。

然而这女孩儿天生是乐观的，因为她已经读过不少名著了。书中某些优秀的人物，那时就安慰她、开导她，告诉她人逢乱世，襟怀开阔乐观是多么重要。

艰苦的劳动，女孩儿只当是体魄锤炼；村荒地远，女孩儿只当是人生的考验。女孩儿用歌唱和笑容，以青春的本能向那个时代强调和证明着她的乐观。

但女孩儿也有独自忧郁的时候。对于一个爱看书的女孩儿，哪儿都发现不到一本书的时代，毕竟，该是一个多么可怕的时代啊！

有次女孩儿被指派去开什么会，傍晚在一家小饭馆讨水喝。非常偶然地，她一眼看到了一本书，那一本书在一张竹榻下面，人不爬到竹榻下面去，是拿不到那一本书的。女孩儿的眼睛一旦发现了那一本书，目光就再也不能离开它了。那究竟会是一本什么书呢？不管是什么书，总之是一本书啊！

那是一个人人都将粮票看得十分宝贵的年代。在女孩儿眼里，竹榻下那一本书，简直等于便是十斤，不，简直等于便是一百斤粮票哇！

女孩儿更缺少的是精神的食粮啊！

女孩儿的心激动得怦怦跳，女孩儿的眼睛都发亮了！

女孩儿颤抖着声音问："那……是谁的书？……喏，竹榻下面那一本书……"

大口大口地吃着饭的男人们放下了碗，男人们擎着酒杯的手僵住了，热闹的划拳行令之声停止了……

小饭馆里那时刻一片肃静，每一个人的目光都注视在女孩儿身上——人们似乎已经好几个世纪没听到过"书"这个字了，似乎早已忘了书是什么……

"书……竹榻下那一本书……谁的？"

女孩儿双手伸入衣兜，一手指向竹榻下——她打算用兜里仅有的几角钱买下那一本书，无论那是一本什么书。而兜里那几角钱，是她的饭钱。为了得到那一本书，她宁肯挨饿了……一个男人终于回答她："别管谁的，你若爬到竹榻下拿到手，就归你了！"

女孩儿喜上眉梢，乐了。

还有什么可犹豫的呢？

于是，十四五岁的，秀丽的，已是云南插队知青的这一个女孩儿，在众目睽睽之下，当即往土地上一趴，就朝竹榻下面那一本书爬去——云南的竹榻才离地面多高哇，女孩儿根本不顾惜一身干干净净的衣服了，全身匍匐着朝那一本书爬去……

当女孩儿手拿着那一本书从竹榻下爬出来，站起来，不仅衣服裤子脏了，连脸儿也弄脏了，头发上满是灰……

但是女孩儿的眼睛是更亮晶晶的了,因为她已经将那一本书拿在自己手里了呀!

"你们男人可要说话算话!现在,这一本书属于我了!"

小饭馆里又是一阵肃静。

女孩儿疑惑了,双手紧紧将书按在胸前,唯恐被人夺去……

大男人们脸上的表情,那一时刻也都变得肃然了……

女孩儿突然一扭身,夺门而出,一口气跑出了那小镇,确信身后无人追来才站住看那一本书——书很脏了,书页残缺了,被虫和老鼠咬过了——但那也是宝贵的呀!

那一本书是《青年近卫军》。

女孩儿细心地将那一本书的残页贴补了,爱惜地为它包上了雪白的书皮……

如今,当年的女孩儿已经是妈妈了。她的女儿比当年的她自己还大两岁呢!

她叫林酷,是"文革"结束以后中国为数不多的几位哲学博士中的首位女博士。她目前在上海社会科学院法学研究所任研究员,而且是法哲学硕士生导师,指导着五名中国新一代的法哲学硕士生呢……

她后来成为博士,不见得和当年那一本书有什么直接的关系,甚至可以肯定地说,其实并没有什么直接的关系。

但当年那一个十四五岁的小女知青爱书的心情,细想想,不是挺动人的吗?

人之爱书,也是足以爱得很可爱的呀……

"人在现实中应该是怎样的"
——关于《人世间》的补白

  长期以来，我有如下愿望：为中国的工人们写一部作品。记载他们在国家建设中的贡献和功绩，特别是他们在工业转型时期所经历的剧烈"阵痛"以及所表现出的毅忍精神——也要抒写他们对好生活的向往和追求。我认为，助他们实现之，是国家的重要责任和使命之一。这与我的父亲是新中国第一代建筑工人有关，他从三十几岁就成了建筑工人，四分之一生命是在"大三线"度过的。也要为我这一代知青当年留城的弟弟妹妹留下一些文学形象——关于他们的哥哥姐姐的故事，小说、诗歌、散文、电影、电视剧、话剧、报告文学、回忆录以及社会学专著，总之各种文艺形式几乎都有反映（我自己就曾一写再写），可谓洋洋大观。但，他们自己的人生似乎长期以来被一概的文艺形式所忽视，甚至也可以说，似乎仅只是模模糊糊存在过的群体。而我知道，他们的人生中也有颇多值得深情抒写的故事。进一步说，比之于哥哥姐姐，他们的人生反而与中国城市的发展变化贴得更紧，因为他们从没与城市分开过。

  还要为恢复高考以后的第一批大学生、博士生留下文学之形象。在中国进入改革开放的新时期以后，从干部队伍到各行各业都急迫地需要知识结构更全面的人才，否则难以也可以说不能完成振兴国家之伟业。他们中的优秀者为促进改革所起到的作用、付出的努力，既超越了此前之十七年，也比当年之其他群体更加特殊和关键。

我认为作用最为重要、努力最不应被忘记的，是当年的一批"复出"干部。他们多为"老革命"，由于被"打倒"过，对党与人民群众的关系反省最多。在他们身上，温习初心的反省力，当年便有各自不同的体现。他们之多数，与从前确乎是不一样的。他们当年所表现的正能量，值得后来的干部总结经验和虚心学习。

我还要抒写的是时代本身。

"某年"在时代中，时代是由许多"某年"组成的。所以我意识到，仅写一个十年不足以反映中国的发展变化，没有比较则无说服力。今日之中国是人人都有所感知的。对于发展成就的共识，只能建立在比较之前提下，这就是为什么《人世间》从1972年写起的缘故。如果说"70后"对贫穷年代的中国还多少保留了些儿童或少年时期的记忆，那么"80后"头脑中此种记忆是很少的。换言之，他们对于中国的发展变化缺少对比认知。"90后""00后"的缺少尤甚于他们。我的愿望之一是，为他们中想要补上对比认知的人提供文学性参考。

时代是动态的。

要抒写时代本身的变化，非写几十年不可；因为中国之发展变化并不是在一个十年内一蹴而就的。凡四十年中，前十年与下一个十年不可能不部分重叠，此中有彼，彼中有此。

时代的特征主要是由人的生存特征来体现的。倘要写出时代特征的演变，则必较多地来写人的命运的沉浮。所以我对自己的要求是——尽量写出文学性的各阶层分析来。

那么，在我这儿，《人世间》不可能不是现实主义风格的。

关于"现实主义"，历来众说纷纭——在我这儿，无非是客观一些，再客观一些；全面一些，再全面一些；少些个人情绪色彩，多些理性眼光。不客观些，则不可能全面些。而片面的眼光，是现实主义之大忌。

文学的意义究竟何在？

五十岁以后我经常思考这个问题。

六十岁以后，我自己对自己给出了回答——不论这个主义那个主义，风格尽可迥异，但宗旨却只有两点——既要写"人在现实中是怎样的"，也要写"人在现实中应该是怎样的"。

人类还是要进化的。

人类进化的大方向只能是继续向好人性进化的方向。

"人在现实中应该是怎样的",其实始终是优秀文学作品的品质特征。舍此意义,文学与人类的关系便无足轻重,并且就会在面对"意义"二字时陷于大困惑。

也许此种思考是浅薄的,但已确实成为现在的我的文学理念之一。不是唯一理念,而是重要的理念。这一理念是我不论在阅读时还是创作时,仍能感受到文学之意义在焉。

文学是为了让人类的心灵向善向美

小说家应该称为时代的文学性书记员

我的小说创作,从内容上基本可分为两部分。

一部分属于知青文学。知青是"上山下乡"运动中形成的特殊青年群体,也是我们共和国的第一代儿女。整个 20 世纪 80 年代文学,被概括为新时期文学,一个显著特点就是反思。我认为,知青经历让这一代人无论作为整体还是个体,都具有特殊时代见证人的切身感受。当年,我作为有知青经历的青年作家,必然会将反思作为文学使命之一。后来,不再年轻的我继续创作了《年轮》《知青》《返城年代》等,既是自己始终放不下的反思使命的延续,也是书写人性正能量的不泯激情的延续。我觉得,人性的美好如善良、正直、诚信等,越是表现在理智塌方的狂热年代,越值得作家发乎真情地大书特书。我的另一部分小说创作大抵属于"当下"题材,即时代发展到 20 世纪 90 年代、21 世纪 00 年代,我的关注视角和创作动念都会伴随时代的进程有所调整。

小说家应该成为时代的文学性的书记员,这是我的文学理念之一。一路写来,我渐渐意识到:一个时代过去了,一个时代开始了,时代和时代之间不可能像打隔断墙那样截然分开。前一个时代与后一个时代,总会或多或少地发生现象、问题、矛盾的部分重叠。诚如我们常说的,旧的问题、矛盾遗留下来，尚未完全解决，发展中的新问题、矛盾接踵而来。二者彼此交融，纵横交错，中国各方面的发展成果都得来不易。

如果要将发展成果讲足，最有说服力的方法是比较。既要同别国进行横向的比较，也要同自己的从前进行纵向的比较。于是，我就想写一部年代跨度较长的小说，尽可能广泛地通过人物关系描绘各阶层之间的亲疏冷暖，从民间角度反映中国近五十年来的发展图景。

我想将近五十年来中国社会的发展变化直观地告诉人们

当代许多作家都出身农村，写农村生活信手拈来，好作品数不胜数，比如《平凡的世界》，而全面描写城市底层青年生活的长篇小说相对较少。我从小生活在城市，更了解城市底层百姓生活。我有一个心愿：写一部全面深入反映城市平民子弟生活的长篇小说。

少年时代，我就喜欢读书，喜欢有年代感的作品，比如《悲惨世界》《战争与和平》《复活》等，但是创作一部有较强年代感的作品十分困难，也一直感到准备不足。到了六十七八岁，我觉得可以动笔，也必须动笔了。我不会电脑，只能手写，写第一页时不知道书名，但知道必须写到三千多页才能打住。这时有朋友提醒我，不要写那么长，最好写二三十万字，好定价、好销售，写那么长谁买谁出谁看？我说，这不是自己考虑的，我只想完成自己想做的事。

创作《人世间》，就是想将近五十年来中国社会的发展变化直观地告诉人们。只有从那个年代梳理过来，才能理解中国社会的发展变化。最近，我因为整理一些散文随笔，想到了从前许多事，比如年货、布票、肉票、洗澡票、户口簿、厕所等。我很感慨，中国确实站起来了，确实发展了，各种变化之大，不回头比较，印象是不够深刻的。现在普通饭店的任何一桌饭菜，过去的家庭春节也都几乎吃不到。当时见不到鱼虾，鸡蛋、粉条都凭票，我直到下乡前才第一次吃到点心。这种生活并非城市最困难家庭独有，而是当时普遍现象。1990年，我在北京家里第一次洗到了热水澡。因此，我想将从前的事讲给年轻人听，让他们知道从前的中国是什么样子。

我要求自己必须本能地做好人

我常常想，人类究竟为什么需要文学艺术？文学艺术是为了让我们的生活更丰富，更是让人类的心灵向善与美进化。我曾写过一篇文章《论好人文化的意义》，不是说"老好人"，而是对自己的善良心有要求的人。《人世间》里没有太坏的人，只有精神不正常的人才总是干坏事。我总是在作品中挖掘、表现人物好的一面。这也是我对文学的理解。美国拍了《辛德勒的名单》《动物园长的夫人》等一系列表现"二战"时期普通人见义勇为的影片。其实，我们国家民间的好人很多，文艺作品中却好像都在斗。有两件事让我颇受刺激。一次，我去一位外国朋友家，朋友的儿子正在看一部中国宫斗剧。朋友的儿子问他父亲，为什么剧中人物都那么坏？他父亲回答说，别相信，在我们国家人不是那样的。还有一次，一个中国朋友的孩子看一部外国电影《战马》。孩子说，妈妈，这几个人真好。孩子的妈妈说，别信，哪儿有什么好人？

究竟是什么原因，让我们不再相信有好人了？一天，电视午间新闻中报道，有一辆大客车掉进了冰河，路过的吊车司机看到后紧急启动吊车，用高超的技术将困在客车中的人一个个救了上来。现实生活中还有很多很多这样的人和事。

创作《人世间》时，我要求自己，必须本能地做好人。创作完成后，我可以肯定地对世界说，无论周围发生什么样的变化，我自己都不可能做坏人了。

通过文学间接补充对民间的了解

我曾写过《中国社会各阶层分析》，后来希望自己能创作一部文学性的、跨度五十年的各阶层分析。我对民间特别是城市底层的生活比较熟悉，也比较熟悉知识分子、文艺人士近五十年来的心路历程，与老革命式的干部们也曾有过亲密接触。这几方面的比较熟悉，让我写起来不至于太不自信。

　　欣慰的是，在一百一十五万字的《人世间》中，一些内容是其他小说中不常见的，一些人物是文学画廊中少有的，一些生活片段也不是仅靠创作经验编出来的。它们都源于我这个作家独特的生活积累，都有鲜明的个性特征。

　　民间的中国感受如何，是佐证中国发展进步的首要方面。

　　作家是文学动物，而文学本身并不能解决什么现实问题。若那些有信心、有能力、有干劲解决现实问题的人，也想要通过文学来间接补充对民间的了解，而《人世间》又能起到一点儿这样的作用，作为作者，我自然也是高兴的。

人的文学：历史真实、现实主义及其他
——兼致李玲教授

一

李玲教授：

亲爱的同志！寄来的《中国文化研究》收到了。年底事多，昨日才有精力来读。你知道的，对于此次研讨会，我主观上是多么地反对召开，一如我不愿咱们自己的学生将研究我的作品作为论文选题。道理其实是摆不上台面的，只不过觉得难为情，似有"又是裁判员，又是运动员"之嫌。然而既已召开，学院学校各方面同志投入了不少时间和热忱，并劳驾校外多位人士拨冗光临，我感动至今。借致你此信的机会，一并谢过。

我们本是推心置腹的好同事，却以此方式讨论问题，岂不可笑？然你命我汇报读后感，非简短通话所能说明白，便只得诉诸文字。

亲爱的同志，首先我须指出——你"主持人语"中有一句话，即："梁晓声……重申自己的理想主义主张，宣称为了完成文学引导人性向善的教育功能，他在某些时候宁愿牺牲历史真实。"我努力回想，不能忆起哪些话会使你形成此种误解。恰恰相反，不论文学，抑或别类文艺，一旦关乎历史真实，以任何理由进行牺牲，都是断不可取的。尤其相对于现实主义作品，"宁愿牺牲"等同于对现实主义的亵渎。而这一点，即是常识，

也是底线。

但我也不敢肯定我绝对没有说过。若确实说了，原话也定有这样的前置词——"某些人所谓的历史真实"。我们都明了的——历史"真实"是一回事，某些人的经历感受"真实"是另一回事。若谁经历了一段历史，并且是普通人，那么他或她对那一段历史的记忆，大抵取决于一己之感和见闻。然学者不同，对于学者，"历史真实"的前提是较客观和较全面。不超越一己感受和见闻（包括间接的文学所见和言论听闻），则无客观可言；不较多地了解，则"全面"是一句空话。"历史"是庞杂的概念，再权威的历史学家，也不敢自诩对哪一段历史的了解是全面的。人只能对历史给出较全面的书写。

我知道，某些人对"上山下乡"的看法如同压缩了的"苦难"二字，而这极获大批当年知青的力挺和赞同。但我身为作家，要求自己的作品理应表现比"苦难"多些的元素，如成熟、人格洗礼、亲情、友情、爱情、同情、正义、担当精神等等。这些苦难之外的元素，是否也存在于"上山下乡"的历史之中呢？有些人持否定态度。即使不明说，心里却这么想：污浊的时代，哪里有什么良好的成熟和人格洗礼；这个情那个情，也必是虚伪之情；什么正义，什么担当，纯属胡扯。作家表现了，他们就来气。他们来气的理由咄咄逼人——粉饰了现实，掩盖了苦难。

他们这么认为的历史真实，是否便是较客观又是较全面的"历史真实"呢？是否只有符合他们的"历史真实"，文学才便是文学，于是更是人学呢？

以下几件事证明不是那样的：

我在收到复旦大学入学通知书之前，主持了我们木材加工厂一对老高三知青的婚礼——因为动用卡车将新娘从四十里外接来，引起了团参谋长注意，出现在婚礼现场，命令停止。而我据理力争，大胆辩论，使婚礼得以继续进行。参谋长是现役军人啊，冒犯了很可能成不了复旦的学子了——然复旦不就是复旦吗？还要不要一点儿担当精神呢？

我在上大学的前一天，彻夜给团支部写了一封信，批评对家庭出身"不好"的知青采取关门主义是"极左"思想的表现。这是否也要一点儿担当精神呢？"九一三"事件后，我参加的一期兵团文学创作学习班，几乎集体参与了"国家命运"大讨论，惊动了兵团总司令部的政治部主任，亲自赶来督查"政治事件"，然大家互保，使汇报者未敢再予揭发——这是否也是一些知青的集体成熟呢？

迄今为止，当年之黑龙江生产建设兵团知青，已出各种回忆文集五百余种，仅我作序的就十余本。据我所知，四分之一左右的内容，写到了自己与老战士之间的深情厚谊，又四分之一左右的内容写到了互相帮助的知青关系……

那些回忆，是否也是"真实历史"的一部分呢？

扩而论之——我入复旦，代表新生在欢迎会上发言，虽亲耳听到工宣队长在大会上厉言"复旦是虎豹豺狼之窝"，亦在发言中立场鲜明地反驳之——是否需要一点儿正义勇气呢？我和我的三名同学去上海电影制片厂看望我的作家朋友林予，林予出于对我的信任，说了许多诅咒"四人帮"的话；不久"追查谣言"的运动开始，我的三名同学向我保证，任凭何等高压临头也绝不出卖林予——这是否算人格洗礼呢？

再广而又广地看中国——"文革"中，潘光旦在香山劳改时病发倒地，五十多岁的费孝通用平板车将他拉到了积水潭。从香山拉到积水潭啊！而傅雷的骨灰，是与他素昧平生的江姓女工勇敢地领取和收藏的！而"文革"结束前，不少工人、农民、教师、商店服务员、科技工作者，以"先声"拉开了声讨"四人帮"的序幕……

李玲，亲爱的同志，我觉得——我们的某些教中文的老师，自身对于"历史的真实"之了解，其实极为有限，仅读了几部"伤痕文学"，便觉得够站在课堂上讲的了。对于"历史真实"的另一面，似乎不但所知甚少，也似乎不想知道。而这会使学生产生片面印象，以为在"上山下乡"和"文革"中，一切青年都是"愚不可及"，一切国人"都疯掉了"，于是人皆须忏悔，人人都有罪。这逻辑其实很浅薄——人皆须忏悔，也就羞辱了那些正义犹存的人；人人都有罪，也就包庇了真有罪之人。这话似乎是哪一位德国名人说的，而理解一句真诚的话是一回事，当成历史的结论是另一回事。须知，当时的德国人中，亦有反战人士，并且无怨无悔地献出了生命。

我身为作家，深知另一种类的中国人和青年确实存在，以作品张扬那些污浊年代中人性的幽微之光与人格的不甘沦落，实在是己任啊！正因为这类人少，又存在于非常年代，尤有表现之必要。作家也应关注少的现象，文学亦应反映少的存在。某时，其少可贵。

我希望我们的老师自身多一些了解，读的作品更多样一些，那么，我们给予学生的看法会更全面些。

二

张志忠老师对我的创作进行了多年的跟踪式的关注和评论，是我的荣幸。我确实曾经长时期在理想主义与现实主义之间"左顾右盼"。我的理想主义长时期内由两块基石拼成——一是对好书化人的作用深信不疑，二是对善的人性即人道主义的无上尊敬。好书那么成功地化了我，我成为作家后，自然也希望署了我名字的书，能够对化别人有益。好书化我的主要之点是使我确信善符合人性之向好，也是人性向好之前提。是故，我的绝大多数作品具有这一元素。如果"感动"是被化的另一种说法，那么后来我逐渐难以感觉到这一点了。正是此种困惑使我"左顾右盼"，而非其他。而且现实还不断刺激我强烈的批判愿望，使我顾此失彼。

我在一篇创作谈中曾这样形容自己——"一时期做蜜蜂，采集人世间之真善美，在文学的蜂巢中酿成蜜，奉还给人世间；一时期做鸮禽，睽注现实发阴怖之鸣，以警世人。"我一直不解的是，在我这里，对美好人性的理想之一是我自认为的作品的"核"与魂，并且是批判什么的一贯立场；至于开荒啦，站岗啦，只是时代背景、知青身份、日常劳动的写照而已。但不知为什么，有些人总是会将后一点当成"核"与魂，似乎看不大到我对表现美好人性的理想愿望。一个有意思的现象是，从当年至今，十之八九的一般读者竟会感受到。感受不到的于是质疑，即所谓"粉饰"之说。

我想，大约还是经验不足，且化人心切的缘故。值得自我欣慰的是，创作《人世间》的过程，主观愿望不那么焦急了，效果反而好了些。

受启蒙时期文学影响，我从少年时起，对人性怎样在中国的现象，即生质疑之心；至"文革"成忧愤——故，在1981年，就迫不及待地写成了长文《论"超阶级"人性》发在《电影艺术》上；大约1984年，有幸参加了《政府工作报告》草案的征求意见讨论——我力主在"文化思想发展"一段，补上"加强人道主义宣传教育"一句；并且正式文件也真补上了，区别仅仅是多了"革命的"三个字。

确乎，相当长时期内，我将对善良人性的表现，一再地融入了知青题材——因为知青题材也可视为青年题材，而对青年的此种文学影响尤为重要。

心切、焦急而创作经验不足，给人以别种印象，也只有随它去。至于出现在某部电视剧中的"青春无悔"之类歌词，或印在书上的什么宣传语，不但非我本意，往往也难以掌控。

关于《一个红卫兵的自白》，我想说的是——我当年非是一个"奉命造反"的红卫兵，也非是一个随波逐流仅仅没做过坏事的初中生。我是当年千千万万中学生中不多有的"异类"。

记得有一次，我与两位学者同时答记者问，我问他们："你们何时开始质疑？"

他们说："'九一三'后。"

我说："我比你们早点儿，几乎从一开始。"又说，"这不需要多有思想的判断，仅以人性为尺就够了。"

如果不是"文革"结束得早，我是否会从复旦正常毕业很难说。正因为我也以自己的不配合影响与我要好的同学，毕业时他们给了我一条特殊的鉴定——"与'四人帮'做过斗争"。

我曾在某一年的某月里，三次接受过德国三家电视台的采访。他们几乎一开始就问："你在'文革'中是怎样的中学生？"第三次我烦了，挖苦地回答："先生们、女士们，我知道你们想录下什么。但你们选错人了，恰是在那十年中，读过的好书在我身上发酵，使我看清了同情多么重要，并且尽力那么做了。"

不是所有的人都经得起那种问，也不是所有的人都能够那么坦荡地回答。但即使如此，也不必非将"不忏悔"三个字印在书上，挺奇怪的。台湾版本印的是"我纯洁，所以我不忏悔"，这是我控制不了的。

情况是，20世纪80年代中期，我所在的北京电影制片厂文学部，传达了一份"红头文件"，要求各电影厂严格把控好剧本关，内容若涉及处以上干部，当送审报批。那么，表现"文革"危害，便几乎只剩下以红卫兵为反面典型了。

我对这一点自然难以认同，当时书已在四川出版社下厂了，竟给责编拍电报，要求务必加上那句话，以表达我的不认同。啊，老天，我当年好任性，也真二杆子，头上长角似的。

李玲，亲爱的同志，我们成为同事已十七八年，我从没说过以上事吧？不说是因为说有自吹之嫌。但一直不说，评论者又怎会了解，对人家也不负责是吧？《一个红卫兵的自白》是假作者之名的小说，有我的影子，但是一个虚托的梁晓声，非我本人。同样的作品，还有《泯灭》，主人公也用了作者之名。

以后我不会以此种方式创作小说了，虽有较强的代入感，但自忖不够严肃。

三

人类之文化史，首先是思想史。文化"母亲"多儿多女，我认为宗教是"她"长子。宗教之史某一时期亦多血页，但在引导人类向善方面，功大于过。由于长子诲人不倦，在宗教史又长又给力的国家，文学这一次子的表现与中国甚为不同，基本起四种作用——将宗教思想形象化，满足阅读兴趣，分析人性之欲与律的冲突，表达对当下的态度、对历史的思考和对未来的忧虑与想象。

宗教这一长子在中国的作为时有时无，若有若无，所以文学这一次子本能地肩起了长子的义务。但对于文学是勉为其难的。担的太多了，文学的另几方面作用就会退化；担的太少了，甚或不担，文化又何以通过形象化人？而化人的效果，形象大于思想。

主张"既要表现人在现实中是怎样的，也要示范人在现实中应该怎样"——是我近几年更加执着的创作理念。从前也基本如此，但不像现在这么明确。

我以此理念扫描人类的文学和文艺现象，结论是优秀文学和文艺大抵如此。不是全部如此，而是大抵。

我保存了几百盘外国电影光碟，几乎全看了，结论也是——从经典名片到商业大片到十之八九的各类故事片甚至垃圾片，基本上全部包含了"是怎样的"和"应该怎样"的双重元素。

故我认为，缺少了"应该怎样"的元素，文学之文化意义顿时减半。

仅仅认为文学是文化的批判武器，而评论仅仅是批判文学的武器——这理念过于简单粗陋。

文学也是可以参与文化建设的，某一时期建设与批判同等重要。正如鲁迅重要，蔡元培、胡适也重要。蔡元培、胡适、李叔同、丰子恺既批判，也力图建设，我便更爱他们一些。

国人仅仅自认《阿Q正传》写出了劣根性是不够的，今天犹应补上"应该怎样"一课。

四

我认为评与论的能力，当是中文学子的底线能力。评是起码能力，论是深资能力。但仅仅体现对于文学的评、论能力远远不够，越往后看越不够；合格的中文学子，当能对一概的艺术包括建筑、服装、广告设计进行别开生面的评与论。

对史学、哲学专业有此期待，未免强加于人，但对中文学子有此要求，实不为过。因为文学与形象、审美有关。

我认为中文学子当是中国的读书种子，是与时俱进的中国新民，是未来中国的有文化而不仅仅是有文凭的父母，是多多益善的有文明家风可传的家庭倡导者。对于人口达十四亿之多，宗教影响几近于无，文化在近当代发生严重断裂的中国,我们的学生应是这样一些人——一手拉住文化,一手拉住现实社会,使文化经由自身与现实社会"通电",就像战地电话员用身体接通断了的电话线那样。不是像网红那样向大众宣讲传统文化,那样的人已太多。而是能从古今中外之文化的角度,对社会现实和人心困境给出疗法,起码是诊断。

这就需要中文教学有所改进——我觉得应当与社会打通。借助对古今中外经典文学的重温,对社会和人性进步给出细致的分析报告。

文学不但是社会发展的史外史,当下社会也一再派生出文学中形形色色的典型人物、情节和戏剧性冲突。社会现实有时"复制"的"经典故事",远比文学经典更经典。

这就是我说比较之法也可用于文学与现实生活的原因。

汇报完毕。

梁晓声

论林黛玉的不"醋"

一部《红楼梦》，造就了几代的评"红"家和"红"学家。无论就四大古典名著来谈论它也好，还是就十大古典名著来谈论它也好，它都是担得起那个"大"字的。也无论过去、现在，还是将来，它的名著地位都是巩固如磐不可动摇的。而且，在所有中国小说中，它是至今拥有读者最众多的一部。

我一向认为某些文学作品是有性别的。

相对于男性气质显著的《三国演义》和《水浒传》，《红楼梦》乃是一部女性气质缠绵浓厚得溶解不开的小说，如奶酪，如糯米糕，如雨季锁峰绕崖的雾。即使我们读者的阅读心理似水，也是不能将它那一种缠绵浓厚的女性气质稀释的。而且，即使将其置于世界文学之廊进行比较，恐怕也找不出第二部由男人写的，却那么的女性气质显著的长篇小说。日本的《源氏物语》与之相比，只能算是中性的小说。古今中外最优秀的女性作家们写的所谓"女性小说"，也都不及《红楼梦》的气质更女性化。

贾宝玉虽然是男主人公，但除了他生就的男儿身这一点，其心理、性情和思维方式，也都未免太女性化。设若宝玉是今人，做了变性手术，那么无论以男人的眼还是女人的眼来看他，将肯定比女人更女人吧？

"文如其人"这句话，用以衡量古今中外许多作家，是不见得之事。但是想来，体现在曹雪芹身上，当是特别一致的吧？

分明的，雪芹也太女性化了。

女性化的男人较之女人，更女人意味。正如反过来，女人倘一旦为侠，或竟为寇，往往比男人更具侠士风范，或比男寇更多几分匪气。

每十个《红楼梦》的一般读者中，大约总该有七八个是女人，而且是婚前女人吧？

《红楼梦》是一部缠啊绵啊温情脉脉又结局凄凉伤感的爱情百科书。起码对女人们差不多是这样。它被评"红"家和"红"学家们赋予的种种社会学的认识价值，恰在社会的演进过程中越来越小。好比一件家具，首先剥落的是后来刷上的漆，不管那是多么高级的漆。它越古旧，则越难以再按照漆匠们的意愿改变光彩，而越是显露出木料质地的原本纹理，则越发地古色古香。

不过我们不必谈开去了。

尽管它已被那么多人从那么多角度一再地评说过了，但似乎仍是一个不尽的话题。

本文只谈一点，就是林黛玉的不"醋"。

黛玉的"醋"，是早已有了定论的。一部《红楼梦》，几乎章章回回都写到黛玉的"醋"。黛玉的"醋"，又总是因宝哥哥而新旧交替滋生。

但黛玉竟也有过一次不"醋"的时候，或进一步说，那一次本该令她"醋"意发作的事，她反而不"醋"。倏忽又"醋"了起来，照例是为着宝钗。而宝钗委实和那一件本该令她"醋"意发作的事毫无关系……

在第三十六回，写到了这样一件事：

凤姐向王夫人请示，往后怎么分配丫鬟使女们的月份钱，自然地议到了袭人。从贾母到王夫人到薛姨妈到凤姐，都是特别赏识袭人的。凡涉及下人之间的利益，也都明里暗里地偏向着她。王夫人甚至说她"比我的宝玉强十倍"。于是王夫人做主，给袭人涨了"工资"，而且一涨就涨了一倍多，由以前的每月一两银子，增加到每月二两一吊钱。王夫人还强调："以后凡事有赵姨娘周姨娘的，也有袭人的。"接着凤姐还提议，干脆给袭人"就开了脸，明放在他（宝玉）屋里岂不好？"那么一来，袭人便等于是宝玉的婚前之妾了。大面上自然不能以妾待之，但实际上便是那么回子事了。果而依了凤姐，袭人的地位名分就相当于平儿了，而且是大观园的

"上级领导"们内定的。但王夫人毕竟考虑得更为周到，只恐袭人反而不再敢以"老太太房里的大丫鬟"的资格时不时地约束一下宝玉的放纵言行了，主张"如今且浑着，等再过二三年再说"。

紧接着，书中写道："不想林黛玉因遇着史湘云约他来与袭人道喜。"

意思很明白，史湘云要向袭人道喜，并约黛玉一同前往道喜，而黛玉则欣然前往。

道的什么喜呢——恭贺袭人涨了"工资"了。涨"工资"则意味着地位名分的提高。什么地位什么名分什么待遇啊。

虽然袭人并未就被即日"开了脸"，虽然王夫人主张对袭人的正式"任命"先不明确，"且浑着"为好，但"上级领导"们所议，是没避开着黛玉的。黛玉明明是"在现场"的。没避，大约是因为还不曾实际掌握黛玉与宝玉之间的恋爱情报。但一向想得多想得细的黛玉，当然是应该预测得到，从此袭人与宝玉的关系，是将发生微妙之变化的。

什么样的变化呢？那就是——宝公子在明媒正娶之前，已暂且不便公开地拥有着一个性实习对象了。只要宝公子想那回子事，袭人肯定是不但乐于奉献，而且是她必须那样的义务。一倍多的"工资"不是白涨的。如果说平素有点儿少心无肠的史湘云并不思考这么多，但一向小心眼惯了的林黛玉也根本没多想，似乎令人不解。小心眼不就是凡事往别人并不多想的细处去多想吗？怎么竟也欣然相陪了前往，一块儿去道喜呢？史、黛两个到了宝玉处，"只见宝玉穿着银红纱衫子，随便睡着在床上，宝钗坐在身旁做针线，旁边放着蝇帚子"。

"林黛玉见了这个景儿，连忙把身子一藏，手握着嘴不敢笑出来……"湘云毕竟厚道，怕黛玉"醋"起来，又取笑宝钗，急找个借口扯她走了。而"黛玉心下明白，冷笑了两声"……

看林黛玉，那会儿又是何等的敏感！

然哉。黛玉的"醋"和敏感，是专对着宝钗的。至于袭人，无论与宝玉关系怎样，她都是不"醋"的。《红楼梦》全书，无一笔哪怕仅仅点到过黛玉对袭人"醋"。宝钗也不曾"醋"袭人。非但不"醋"，还心怀着多种的好感。

于是局面成了这样——与宝哥哥最形影不离、朝夕相处者，非别个，袭人也；呵暖呵寒，侍起侍眠者，亦袭人也；陪聊伴谈，推心置腹，甚而最经常亲使性子娇作嗔者，还是袭人。就连袭人的名字，都是宝公子给起的。"花袭人"——这名字起的，就足以证明她是很受宝玉爱悦的人儿。事实上也正是那样。钗、黛二位姑娘因了宝玉心照不宣地争情夺意之战还没拉开序幕之前，人家宝公子已与花袭人初试了云雨情了。那可是林黛玉进了贾府以后，已与宝哥哥相互吸引着了的事。说明了什么呢？爱不是最自私的一种儿女情吗？怎么这最自私里边，竟容了袭人的一份偏得呢？尤其在最希望和要求百分之百占有的黛玉这一方，不是太显得异乎寻常地大量了吗？

也许，在黛玉的头脑中，思想和王夫人们是一致的——袭人毕竟是服侍宝哥哥的，又一向服侍得好，爱竹及笋，所以不"醋"。

也许，那黛玉情窦初开，对爱的需求，更主要地痴迷于一个"情"字。百分之百的占有愿望，也更集中地体现于一个"情"字。恰在"情"字上，自信袭人绝对不能对自己构成威胁。至于性的方面，反而忽略。故即使袭人对宝玉由侍起侍眠发展到奉体于枕席，也是不甚在意的。虽然，她和宝哥哥两个偷看《西厢记》，也曾羞得脸儿绯红，显然对性事也是心有向往的。

也许……

但无论有多少也许，这么一个"也许"，怕是怎么绕也绕不开的，便是在林黛玉的观念之中，对于男人包括她所知爱的宝哥哥纳妾甚而婚前拥有性实习对象这种事，是与当时的普通女子们一样持认可态度的。并且，她头脑中也许还存在着相当根深蒂固的等级意识。她的认可态度，是由当时贵族们的生活形态所决定的，无须析究。她头脑中的等级意识，虽也无须析究，却很值得一评。而且，是历来的"红"学家、评"红"家们不曾评到的。

分明，在她眼里，袭人左不过就是个丫鬟，是个下人。故袭人对宝玉怎样，宝玉对袭人怎样，左不过是下人与主子、主子与下人的一种关系罢了。即使那一种关系发展到了在肉体方面的不清不白暧暧昧昧，也还是一种主子与下人的关系。无论宝玉娶了她自己，或宝钗，或竟娶了她俩以外的哪一个，袭人迟早注定了都将是宝玉的妾，这一点，大观园上上下下的人心里都是有数的。黛玉也不可能在这一点上竟多么迟钝。但即使做了妾，也还是由下人"提升"了的一个妾啊！

所以，宝钗之容袭人，体现着一种上人对下人的怀柔，一种"统战"，一种团结，一种变不利为有利的思想方法。而黛玉之容袭人，则体现着一种上人对下人的不屑，一种漠视，一种不在一个层面上不值得一"醋"的上人姿态。

故可以想象，设若宝玉果而娶了黛玉，袭人即使为妾，那日子也肯定是不怎么好过的，也肯定是不如平儿的。凤姐对平儿也是"醋"的，但毕竟视平儿为心腹。黛玉对袭人，则也许连凤姐对平儿那样也做不到。她可能干脆连袭人是妾的角色也不考虑，依旧地只将袭人当使唤丫鬟对待。

黛玉确乎是令人同情的。自从她的父亲也死了，她在大观园里的处境，也确乎近似着寄人篱下了。她的清高决定了她在下人中绝不笼络心腹，她幽闭的性情决定了她内心是异常孤独的。只有宝玉是她在大观园里的精神依托，也只有宝玉配是她未来人生的依托，起码以她的标准来衡量是那样。而宝钗，另一个与她处在同一等级坐标线上，但人气却比她旺得多的小女子，会轻而易举理所当然地将她的宝哥哥夺了去。

宝钗是由于其等级的先天优势才令黛玉终日忐忑不安，心理敏感，神经常常处于紧张状态。

袭人是由于其等级的先天不足才绝不能构成对黛玉的人生着落的直接破坏。

宝玉则由于其等级的"标识"才成了钗、黛的必夺之人。在钗，意味着锦上添花；在黛，意味着雪中偎炭。设若宝玉非是大观园中这一个宝玉，而是大观园外那一个甄宝玉，钗、黛还是会如此那般地去爱的，只要那甄宝玉也是贾母的一个孙……

黛玉悲剧的最大原因其实在于——她的视野被局限于大观园，而在大观园里的等级线上，只有一个贾宝玉。在她自己的等级观念中，也只有一个贾宝玉。

归根结底，爱情和世上的其他万物一样，它的真相是分等级的。几乎关系爱情的一切悲剧，归根结底又无不发生于那真相咄咄逼人地呈现了的时候……

《聊斋志异》里的民间记忆

纵观《聊斋志异》，凡十二卷近五百篇故事、杂记，用民间话讲，可谓五花八门、光怪陆离，几近包罗万象；用文学评论语言概括，内容丰富、内涵丰富、认识价值丰富之"三丰富"，确乎是当得起的。

但，若归纳之，亦无非如下几类：

一、显然不足信的民间流言类；

二、虽也实属流言，却未尝不具有可信性一类；

三、文学性较高，小说特点分明的爱情故事；

四、借志异故事辛辣讽刺社会现实的。

《聊斋志异》中显然不足信的民间流言类杂记，几乎卷卷有之。那些流言，又显然是同好者以"书筒邮寄"的方式传送给蒲松龄的，可以说没有任何史料记载并使之进一步传播的价值。蒲松龄在《聊斋志异》中收录了不少，究竟是出于对素材提供者的尊重，还是出于自我掩护的策略，或是出于吸引读者的动念，我们无法得知。

这一部分，实可谓糟粕。

仅以卷一为例，《耳中人》《尸变》《喷水》《瞳人语》《山魈》《咬鬼》《捉狐》《荞中怪》《宅妖》《鬼哭》《焦螟》等篇，皆属愚民喜闻爱传之流言，如当下某些网民明知所阅实谣言也，然乐见且相互转发，并分外来劲。

封建社会之所以封建，另一特征乃是愚民甚多而不知其愚。既愚，常识寡也。所见逾其常识，遂以为鬼怪；他人言之，但信不疑。如《山魈》《荞中怪》所记，想来无非便是猿类因饥而偶入宅舍，或在表现上公然与人抢夺新粮而已。后几卷中，《雷公》与《龙取水》两篇，尤可说明其流言性质。依文中描述，所谓"龙"取水，便是水上"龙卷风"现象无疑。至于什么"雷公"，实则一大蝙蝠罢了。

《瞳人语》是主题先行的流言故事——一轻儇书生，于郊外尾随美女，狎近以观芳容，结果归家不久双眼先后长出了肉钉。

其行为，严重违背了"非礼勿视"。

用当下说法，此流言乃为维护当时道德正能量而口口相传的。

这一流言历史甚久，在民间具有强大的生命力。我小时候，常听大人们如此教诲小儿女："见了不该看的要转身就走哇，万一看到了也要立刻捂眼睛，否则长针眼！"

当年的那些大人成为城市人的年代不久，他们所言之小孩子不该看的事，盖指与成年男女的身体或亲爱行为有关的事。从文化内容的包含性上讲，迷信文化也曾是人类文化的组成部分，而且其历史比现代文化要古久得多。甚至可以说，人类最初的文化是涂着浓厚的迷信色彩逐渐过渡向现代文化的。

现代文化形成于城市，此点已被人类的文化史所证明。其形成过程，始终有迷信文化相伴随，至今迷信文化之基因影响犹在焉。在漫长的历史时期，农村是迷信文化最适宜的土壤，农民是迷信文化半自觉不自觉的传承者。

迷信文化曾有一个农村包围城市的优势时期。

现代社会之所以现代，则体现为现代文化竭力摆脱迷信文化的影响，并且反过来以文化的现代性影响农村。

我小时候，每听大人们议及黄鼠狼迷人之事。黄鼠狼，即黄鼬，比狐的体形小得多，大者尚不及狐尾，身柔如无骨，善钻狭隙，害鸡。据说，仅吸血，不食肉。

在城市是见不到狐的，却亦常见黄鼬，于是关于它的迷信说法盛行。因为它的样子，使人觉得像狐一样有媚态。在难得一见狐而黄鼬常见的农村，关于狐的传说便少，关于黄鼬的迷信流言则几成共识。

若单论媚态，貂也是不逊于狐的。但中国民间，关于貂惑人的迷信流言，至今仍是空白。

何故之有？

因为貂不但生活在寒冷的东北，而且只在林海中出没，除深山猎户，一般人根本见不到。

漂亮的猫也是媚态百生的。《聊斋志异》中写到了各种各样的精怪，大到虎狼蟒鳖，小到鹦鹉蝴蝶，就是没写到又媚又善于黏人的猫。

却又何故之有？

盖因猫如犬，与人类的关系既古老又亲密，并且在这种关系中首先体现为人类对猫的容纳、宠爱。凡人类所熟稔和容纳于生活的，一般不迷信也。文学家的笔，通常也就不会妖化之了。

狐则不然。它们是野生动物，不可能被人类驯化。人类谋它们的皮，又认为天经地义。故狐对于人类，是本能地有敌意的。

人对于狐，却难免会有罪孽之感——从体形到头脸都那么漂亮的小动物，对人本身从来构不成任何威胁，所谓危害也无非便是叼走只鸡或拖走只兔，这构不成见则捕杀的符合天道人性的理由。

人心既存此感，却又克服不了获无本利的欲念，于是只能将狐妖化。这么一来，见之则捕，捕之则杀，剥皮弃其骨肉，便心安理得了。

天地之间，只有人，纵使行冷酷事，也要找出足够正当的理由。倘现存的理由不够用，便会脑洞大开地编创出来。人不仅以此法危害于异类，也惯以此法加害于同类。

人的这种恶，可曰之为进化之恶，也可曰之为智后之恶。智后之恶，尤属邪恶。如人为危害某些既不能食其肉也不能用其皮的动物，只要编创出它们身体的某一部分可入药，或仅仅可壮阳，于是便似乎有了极充分的理由到处搜捕，大开杀戒。

蒲松龄之怜狐乃至爱狐，不惜冒天下之成见，以连篇累牍的关于狐的美好故事为狐正名，足见他是一个对小动物心怀大爱之心的人。

《聊斋志异》则不啻是中国之第一部文学形式的保护野生动物宣言书、

倡议书。

在《聊斋志异》中，有些人事，既非虚构，亦非流言。其可信度，如今看来也并不存疑，可作为当时年代的民间记忆来了解。

例如，《龙取水》一篇，不过是发生于水面的龙卷风罢了。《水灾》则实录了康熙二十一年（1682年）山东某地的水灾而已，只不过加入了孝子夫妇及儿郎幸免于难的颂孝情节，并且写明"此六月二十二日事"，分明大体不妄。至于某地某人喜生吃蛇，又某人为救被蟒所吞之兄长力斩蟒头，都没什么可怀疑的。《义鼠》一篇，记甲鼠被蛇所吞，乙鼠"力嚼其尾"，迫蛇吞出死鼠"啾啾如悼息，衔之而去"。此类动物界中的感人事，今天的《动物世界》中亦屡见不鲜。

至于《蛇人》，讲一个"以弄蛇为业"者，曾饲驯两条小蛇，数年后长大无比，只有放归山林，于是每听人言，遇而骇绝，幸未殒命。某月，某人自己必经山林，也见到了。惊怖无措之际，忽忆起往事，急唤蛇名。蛇"昂首久之，纵身绕蛇人，如昔弄状。觉其意殊不恶，但躯巨重，不胜其绕，仆地呼祷，乃释之。……更嘱一言：'深山不乏食饮，勿扰行人，以犯天谴。'二蛇垂头，似相领受"。

一个"似"字，用得极好。"似乎"怎样，不过是主观感觉，非客观见证。

这样的事，涉及一个至今人类兴趣很大的话题——动物对于人类，具有感情记忆吗？

答案是肯定的——有。

中央电视台曾播放过的由国外拍摄的《动物世界》节目又一次证明了此点——男女保护动物饲养员到野外去寻找他们放归自然界的猩猩和猎豹，虽时隔二三年，但它们对给它们起的名字仍有敏感反应，并仍认得自幼关爱过它们的人，一见之下与他们的亲爱互动令人心暖、唏嘘。

猩猩之间以及猩猩与人类之间的亲憎之情，不但一再地被证明了，而且被想象为系列电影了，如《猩球大战》。

猎豹则是大型猫科动物中较容易被驯化为宠物的，美洲狮也有这种可能。人类与它们的个别亲密关系，至少也有两三千年了。

但人类与非洲狮、野生虎的关系会否如此呢？如果人是将它们从小养大的恩人，它们一旦回归自然界，时隔二三年后仍会认得那个人并与之亲密如初吗？

这一点却至今未被证明。

据说象的记忆力是最为长久的，可以记住十几年前杀害过它们父母或兄弟姐妹的仇人。真遗憾，现在尚无关于它们长期记住恩人的记载。

至于蛇，我虽五体投地般崇拜《白蛇传》，却从不相信蛇是可以与人产生任何好感情的。

我一向认为，《白蛇传》中的青、白二蛇应该属于蟒。蟒虽与蛇同类，但确乎是可以自幼家养的，及大，也会像牲畜一样与人形成依存关系，甚至在主人受到攻击时会产生保卫主人的本能反应。

印度的当代新闻曾报道过——有与小蟒同时长大的少女在水灾中被困树上，已成大蟒的小蟒泅水救之。

大千世界，确乎无奇不有。人与各类动物的个别关系，也真的不由得人不信。

讲一件关于蟒的真事——十五六年前，某出版社编辑陪我去沈阳签售，来接站的是当地书店的一个小伙子，忘了怎么一来便在车上聊起了宠物话题。彼言，七八年前，纯粹出于好玩心理，买了一条二尺长的金黄色小蟒，养于玻璃缸中。那时，已长至中号盘直径那么粗，四米多长，快重达一百斤了，而玻璃缸早已装不下了。无奈，腾出了家中的小书房，改造成了像动物园那种蟒舍。同时，每星期还要喂一只活鸡、活兔，开销不微。老母顽儿，闲来无事，每将那蟒放入客厅。顽儿与之身体纠缠，老母则每训其费钱累人。蟒谛听之，似有愧感。此情此景，全家习以为常。

我问："那不是会将家里搞得很有味儿吗？"

彼言："是呀，是呀。特别是在夏天，每天都得用水冲一遍它那小房间的地。幸好预先做了防水处理，要不楼下人家准告我了。我家所有的纱窗，都是小手指那么粗的钢网做的。不怕一万，就怕万一呀！"

我问："以后怎么打算的呢？"

彼言："想捐给动物园，可人家动物园拒收：一是人家有了，二是若收得按规定办一道道手续，还得请专家检疫，太麻烦。想放生，可也不敢随便往哪儿放啊！有次收水费的阿姨来了，那天它房间的门忘了从外边闩上了，它爬出半截来，差点没把人家吓死！老师，你说真要吓出个三长两短，我不得吃不了兜着走吗？"

我也不禁说："是呀，是呀。"

小伙子曾央朋友陪着，开自家车载上那蟒，想直开到南方的深山老林去，偷偷放它一走了之。没离开沈阳多远，被路卡给拦住了，连人带蟒一块儿被公安部门拘走了。

"我现在只有两个选择了——一是卖给饭店，那我家'大宝贝儿'死路一条了。我才不会那么做，自己把它从小养大的，比养大个孩子也省事不到哪儿去，何况互相有感情了，怎么忍心？二是给它来个安乐死，但对于它，不总归还是个死吗？"

五大三粗的东北小伙子，那么说时都快哭了。

听他将他家大蟒叫"大宝贝儿"，还说出儿化音，觉那时的他仿佛是现实中的许仙，而他家那大长虫于是便有了白娘子般意味。

后来，我听人讲，他全家还是忍悲将那"白娘子"安乐死了。

蛇与蟒虽属同类，习性颇不同也。从前，中国民间并不区分，既大，统曰蟒蛇。蟒是可以从小家养的，家养的蟒逐渐长大，对养它的人另眼相看，也非是什么天方夜谭。

故，蒲松龄笔下所记的《蛇人》，未尝不可视为或许有之的民间记忆。

《聊斋志异》中有两篇关于狗的事，或记载义犬救主，或感叹它们为了守护住主人丢失于路途的盘缠宁肯饥渴而死也不离去的"忠心"，未加虚构，着实可信。古今中外，人类反复讲述关于义犬的种种故事，证明人类对狗是有感恩心的，而且忠犬、义犬也完全配得上人类一向以文字纪念它们。在以文字或其他方式的纪念过程中，实际上是人性之仁获得了不断提升。

卷一中有一篇是《犬奸》，记因丈夫每常外出经商，独守空房的妻子性心理变态，引犬与交，犬习为常。事发，遂成丑案，"人犬俱寸磔以死[1]"。——这是我甚为排斥的一篇。在中国古代，若事涉奸情，从官方到民间，对女子的惩办一向极严。若奸情导致其夫丧命，则无论以怎样残酷的方式处死之，似乎都不为过，都是普天之下拍手称快之事。想象一下吧，"寸磔以死"，多么令人毛骨悚然。在古代，凡一施刑，围观者众。于是，《水浒传》中武松弑嫂，剖腹剜心；石秀助杨雄以此等宰杀牲畜式的方式处死杨雄不贞的妻子，也似乎尤显英雄好汉的气概了。对此，余厌极厌极，说一百个"厌"字，也难除心中反感。在国人的字典里，所谓"贞"，专指对女性的要求，若也同样要求于男人，古代的一多半男人则就个个都该死了。

《聊斋志异》中还有另一篇《成仙》也存在令我严重排斥的情节——二男子"少共笔砚，遂订为杵臼交"。其一修道成仙，不但为另一方化凶为吉，而且以所谓仙能替对方杀死不贞之妻，"剑决其首，胃肠庭树间"。杀便杀吧，何至于破其腹拽其肠，像晒腊肉似的挂得满树皆是?!何况，其妻还不像潘金莲，并未生害夫恶念！

该篇字数颇多，情节跌宕。凡此类故事，蒲松龄大抵要加"异史氏曰"的。然该篇属于少数例外，不知何故。也许，他的心中亦存与我同样的思忖？

不论谁是多么恶的恶人，若其罪当诛，也不过就该"斩立决"罢了。以车裂、凌迟、骑木驴等残酷方式将人折磨至死，其实也是变态现象。体现于刑典，乃刑典的异化。

西方人发明断头台，后以绞刑代之，再后来以电刑、注射死代之，直至在有些国家废除死刑，主张终身监禁，都是试图以较为人道的方式防止人性的变态以及刑典的异化。

鲁迅曾在日记中记下过夜读中国古代刑法的体会，一言以蔽之，也是"毛骨悚然"四个字。

故，也许可以这样认为，一个国家的酷刑历史越悠久，酷刑方法越是五花八门，其国民之心性离"不忍"越远。人类若逐渐丧失了"不忍"之

---

[1] 寸磔：古代一种酷刑，意为碎解肢体，即将犯人斩成许多小段。

心性，则孔子关于"仁"的谆谆教诲，实际作用必然大打折扣矣。

好在，这些都是古代的事了。

《聊斋志异》还记载了一些杂技现象、魔术现象，如《偷桃》《种梨》《口技》《戏术》等。

关于《戏术》，书中如此描写："戏人以二席置街上，持一升入桶中，旋出，即有白米满升，倾注席上；又取又倾，顷刻两席皆满。然后一一量入，毕而举之，犹空桶。"

此种无变有、有变无的杂技，至今仍在国内外各地的很多场合上演。但米也罢，爆米花也罢，其他什么东西也罢，都只能是少量的变无变有，多则纯属流言。假如，当街所置非两方席片，而是两张整席，若使"两席皆满"，非二三百斤米不足以实现，便不足信了。《戏术》中同时记载了另一件事——一个买缸的人，在陶场与老板发生争执，不欢而散。至夜，他将人家窑内的六十余口大缸都"搬"到了三里外的地方。此即所谓在民间流言甚广的"大搬运""小搬运"。

"小搬运"，其实便是至今仍在表演的"招之便有，拂之便无"的魔术。"魔"字与"怪力乱神"有涉，古代忌之，言为"幻术""戏术"。

"大搬运"，各类民间杂志皆有记载，但没谁亲见，所记每以"据言"二字作为前提。

将六十余口大缸用意念转移到较远的地方去——民间为什么喜欢传播这类明显不靠谱的事呢？无他，对"特异功能"及奇人的迷信而已。这种迷信，不必完全从负面来评说，实际上也激发了人类的想象力，而想象力与科学方面的发明创造关系密切。

《偷桃》讲表演者抛粗绳向空，于是绳直如戟杆，自动向上延长，直达天穹，高不可见其端。遂命小儿郎奋力攀之，亦入云霄频忽不闻回声。须臾，小儿郎顺绳滑下，手中有桃，自言摘自天宫花园。

这类记载，古代各地方史志中出现多多。唐以前，未现文字描写。唐以后，几成纪实，其实都是道听途说，人云亦云的无稽之谈。显然，流言是从别国传入中土的，如印度、埃及、巴基斯坦，且彼国的各类杂志中皆不乏相同记载。几年前，国内电视台还播过一部关于魔术史的外国人制作的纪录片——采访者亲到印度，遍访城乡，呈现早期画册和报上的报道给人看。甚至，在一个古村落中，寻找到了一条极长的粗绳，众口一词，言之凿凿，都说便是可以通天的神绳，是一户人家祖上传下来的，可惜那种异能早已失传。当时，我连看了两集，就是为了看个究竟，结果大失所望，有被故设的悬念忽悠了的感觉。

《种梨》是讲表演者就地埋种，于是在众目睽睽之下可见发芽成树、开花、结梨的全过程。不但可见，亦可摘之、食之。该内容被导演陈凯歌用在了他的电影《妖猫传》中，只不过种梨改成了种西瓜。《偷桃》也罢，《种梨》也罢，甚至像《崂山道士》中所写的那样将嫦娥从月宫请下为高人歌舞助兴也罢，像《狐嫁女》中将豪门中的餐具"搬"来以使婚礼显得更有档次的故事也罢，若在今天声光技术的配合下，由一流之魔术演员表演为节目，都将是小菜一碟，完全可天衣无缝、以假乱真，看得人瞠目结舌。

现代之魔术，对设备的依赖甚重，关窍也甚多，观看的人表现为自蛊式的上当受骗，其实已没多少看点。规模越大，科技成分越多，人技成分越少；倒是小型的侧重于体现指间功夫的表演，还有令人鼓掌叫绝的地方。

中国的传统杂技"古彩戏法"，凭的就是身手功夫，故行内亦曰"手活儿"或"手彩"。但也有要凭全身功夫进行表演的，曰"大戏法"，如"端火盆""端鱼缸"——表演者着宽绰及地之斗篷，多为外红内黑或绿，像舞台上架子花脸钟馗的戏服，在助手相接的配合下就地一滚，瞬间变出火盆或鱼缸。若为鱼缸，不但水盈盈然，且有游鱼。这是笨而令人不禁叹服的功夫，曰"硬功夫"。笨在观众心知肚明，晓得斗篷里边有挂钩，火盆或鱼缸是出场前挂稳的。叹服的是，火盆或鱼缸，最大直径一尺有余，挂许多个，只一滚，站起便托于掌上；火盆必须同时火苗升腾，鱼缸则不能洒出水来，太要劲儿了！又，变出单数不符合规则，只变出六个则太少，观众若不买账，只能在倒彩声中灰溜溜地下场，所以起码要变出八个。据说，高明者有变出大小十四个的，正是"台上几分钟，台下十年功"。

几年前，天津电视台的节目中尚有六旬开外老艺人表演过，估计那是此传统戏法的最后一次亮相了，因为根本招不到继承人。那么"要劲儿"的戏法，谁肯学呢？欣慰的是，已保留在录像中了，不至于使真的存在过的也成了将来的"流言"或"妄记"文字。

《聊斋志异》的这一小部分内容，具有对民间杂技史的参考价值，也具有对"民间"二字的认识价值。

在古代，对任何现象、人、事的记载，一向分为"正""野"两类。所谓"正史"，记什么，怎么记，一向由皇家依赖的史官、文人有明确选择性地完成。其选择的宗旨，有时未见得便是去伪存真。皇家需要怎样的记载，"工作人员"是不能不揣摩上意的。若会错了意，不但自身祸事当头，家眷也往往大受牵连。若被认为性质严重，诛灭其族也是可能的。不过，不应因此便说"正史"完全不可信了，但反"史"之道而行之去真存伪专为皇家文过饰非的现象确是有的。于是，古代的当朝"正史"，一向以歌功颂德为主，而匡正其伪多是改朝换代多少年以后的事。

"野史"则不同，大抵是民间记忆的整合。虽也有选择性，但是以民间感受来记载的。例如，《聊斋志异》之《地震》一篇，将发生于康熙七年（1668年）六月十七日戌时的大地震对民间造成的灾难，进行了极为写实的记载。此次地震，在皇家"正史"中，却只不过两行冷静的文字而已。《野狗》《公孙九娘》两篇，起笔分别写道："于七之乱，杀人如麻。""于七一案，连坐被诛者，栖霞、莱阳两县最多。一日俘数百人，尽戮于演武场中，碧血满地，白骨撑天……"

所谓"于七一案"，乃是清王朝对一次民间反清复明运动的强势镇压，仅无辜冤死者亦近千人。"正史"中曰"平乱"，以"大捷"颂之，而"野史"一向无敢记者。蒲松龄能在《聊斋志异》中如实写下几笔，亦算勇气可嘉也！

唐诗宋词的背面

衣裳有衬，履有其里，镜有其反，今概称之为"背面"。细细想来，世间万物，皆有"背面"，仅宇宙除外。因为谁也不曾到达过宇宙的尽头，便无法绕到它的背面看个究竟。

纵观中国文学史，唐诗宋词，成就灿然。可谓巍巍兮如高山，荡荡兮如江河。

但气象万千瑰如宝藏的唐诗宋词的背面又是什么呢？

以我的眼，多少看出了些男尊女卑。肯定还另外有别的什么不美好的东西，夹在它的华丽外表的褶皱间。而我眼浅，才只看出了些男尊女卑，便单说唐诗宋词的男尊女卑吧！

于是想到了《全唐诗》。

《全唐诗》由于冠以一个"全"字，所以薛涛、鱼玄机、李冶、关盼盼、步非烟、张窈窕、姚月华等一批在唐代诗名播扬、诗才超绝的小女子，竟得以幸运地录中有名，编中有诗。《全唐诗》乃"御制"的大全之集，薛涛们的诗又是那么地影响广远，资质有目共睹；倘以单篇而论，其精粹、其雅致、其优美，往往不在一切唐代的能骈善赋的才子之下，且每有奇藻异韵令才子们也不由得不心悦诚服五体投地。故，《全唐诗》若少了薛涛们的在编，似乎也就不配冠以一个"全"字了。由此我们倒真的要感激三百多年前的康熙老爷子了。他若不兼容，曾沦为官妓的薛涛，被官府处以死刑的鱼玄机，以及那些或为姬，或为妾，或什么明白身份也没有，只不过像"二奶"似的被官、被才子们或被才子式的官僚们所包养的才华横溢的唐朝女诗人们的名字，也许将在康熙之后三百多年的历史沧桑中渐渐消失。

有一个不争的事实，那就是——无论在《全唐诗》之前还是在《全唐诗》之后的形形色色的唐诗选本中，薛涛和鱼玄机的名字都是较少见的。尤其在唐代，在那些由亲诗爱诗因诗而名的男性诗人雅士精编的选本中，薛涛、鱼玄机的名字更是往往被摈除在外。连他们自己编的自家诗的选集，也都讳莫如深地将自己与她们酬和过的诗篇剔除得一干二净，不留痕迹；仿佛那是他们一时的荒唐，一提都耻辱的事情；仿佛在唐代，根本不曾有过诗才绝不低于他们，甚而高于他们的名字叫薛涛、鱼玄机的两位女诗人；仿佛他们与她们相互赠予过的诗篇，纯系子虚乌有。连薛涛和鱼玄机的诗人命运都如此这般，更不要说另外那些是姬、是妾、是妓的女诗人之才名的遭遇了。

在《全唐诗》问世之前，除了极少数如李清照那般出身名门又幸而嫁给了为官的名士为妻的女诗人的名字入选某种正统诗集，其余的她们的诗篇，则大抵是由民间的有公正心的人士一往情深地辑存了的。散失了的比辑存下来的不知要多几倍。我们今人竟有幸也能读到薛涛、鱼玄机们的诗，实在是沾了康熙老爷子的光。而我们所能读到的她们的诗，不过就是收在《全唐诗》中的那些。不然的话，我们今人便连那些恐怕也是读不到的。

看来，身为男子的诗人们、词人们，以及编诗编词的文人雅士们，在从前的历史年代里，轻视她们的态度是更甚于以男尊女卑为纲常之一的皇家文化原则的。缘何？无他，盖因她们只不过是姬、是妾、是妓而已。而从先秦两汉到明清朝代，才华横溢的女诗人女词人，其命运又十之八九几乎只能是姬、是妾、是妓。若不善诗善词，则往往连是姬是妾的资格也轮不大到她们。沦为妓，也只有沦为最低等的。故她们的诗、她们的词的总体风貌，不可能不是忧怨感伤的。她们的才华和天分再高，也不可能不经常呈现出备受压抑的特征。

让我们先来谈谈薛涛——涛本长安良家女子，因随父流落蜀中，沦为妓。唐之妓，分两类。一曰"民妓"，一曰"官妓"。"民妓"即花街柳巷卖身于青楼的那一类。这一类的接客，起码还有巧言推却的自由。涛沦为的却是"官妓"。其低等的，服务于军营。所幸涛属于高等，只应酬于官僚士大夫和因诗而名的才子雅士们之间。对于她的诗才，他们中有人无疑是倾倒的。"扫眉才子知多少，管领春风总不如"，便是他们中谁赞她的由衷之词。而杨慎曾夸她："元、白（元稹、白居易）流纷纷停笔，不亦宜乎！"但她的卑下身份却决定了，她首先必须为当地之主管官僚所占有。他们宴娱享乐，她定当随传随到，充当"三陪女"角色，不仅陪酒，还要小心翼翼以俏令机词取悦于他们，博他们开心。一次因故得罪了一位"节帅"，便被"下放"到军营去充当军妓。不得不献诗以求宽恕，诗曰：

闻道边城苦，今来到始知。
羞将门下曲，唱与陇头儿。

黠虏犹违命，烽烟直北愁。
却教严谴妾，不敢向松州。

松州那儿的军营，地近吐鲁番；"陇头儿"，下级军官也；"门下曲"，自然是下级军官们指明要她唱的黄色小调。第二首诗的后两句，简直已含有泣求的意味。

因诗名而服官政的高骈，镇川时理所当然地占有过薛涛。元稹使蜀，也理所当然地占有过薛涛。不但理所当然地占有，还每每在薛涛面前颐指气使地摆起才子和监察使的架子，而薛涛只有忍气吞声自认卑下的份儿。若元稹一个不高兴，薛涛便又将面临"下放"军营之虞。于是只得再献其诗以重博好感。某次竟献诗十首，才哄元稹稍悦。元稹高兴起来，便虚与委蛇，许情感之"空头支票"，承诺将纳薛涛为妾云云。

且看薛涛献元稹的《十离诗》之一《鹦鹉离笼》：

陇西独自一孤身，飞去飞来上锦茵。

都缘出语无方便,不得笼中再唤人!

"锦茵"者,妓们舞蹈之毯;"出语无方便",说话不讨人喜欢耳;那么结果会怎样呢?就连在笼中取悦地叫一声主人名字的资格都丧失了。

在这样一种难维自尊的人生境况中,薛涛也只有"不结同心人,空结同心草",也只有"但娱春日长,不管秋风早",也只有"唱到白苹洲畔曲,芙蓉空老蜀江花!"……

如果说薛涛才貌绝佳之年也曾有过什么最大的心愿,那么便是元稹娶她为妾的承诺了。论诗才,二人其实难分上下;论容颜,薛涛也是极配得上元稹的。但元稹又哪里会对她真心呢?娶一名官妓为妾,不是太委屈自己才子加官僚的社会身份了吗?尽管那等于拯救薛涛出无边苦海。元稹后来是一到杭州另就高位,便有新欢,从此不再关心薛涛之命运,连封书信也无。

且看薛涛极度失落的心情:

揽草结同心,将以遗知音。
春愁正断绝,春鸟复哀吟。

薛涛才高色艳年纪轻轻时,确也曾过了几年"门前车马半诸侯"的生活。然那一种生活,是才子们和士大夫官僚们出于满足自己的虚荣和娱乐而恩赐给她的,一时地有点儿像《日出》里的陈白露的生活,也有点儿像《茶花女》中的玛格丽特的生活。不像她们的,是薛涛这一位才华横溢的女诗人自己,诗使薛涛的女人品位远远高于她们。

与薛涛有过芳笺互赠、诗文唱和关系的唐代官僚士大夫、名流雅士,不少于二十余人。如元稹、白居易、牛僧孺、令狐楚、裴度、张籍、杜牧、刘禹锡等。

但今人从他们的诗篇诗集中,是较难发现与薛涛之关系的佐证的,因为他们无论谁都要力求在诗的史中护自己的清名。尽管在当时的现实生活中他们并不在乎什么清名不清名的,官也要当,诗也要作,妓也要狎……

与薛涛相比，鱼玄机的下场似乎更是一种"孽数"。玄机亦本良家女子，唐都长安人氏。自幼天资聪慧，喜爱读诗，及十五六岁，嫁作李亿妾。"大妇妒不能容，送咸宜观出家为女道士。在京中时与温庭筠等诸名士往还颇密。"其诗《赠邻女》，作于被员外李亿抛弃之后：

羞日遮罗袖，愁春懒起妆。
易求无价宝，难得有心郎。
枕上潜垂泪，花间暗断肠。
自能窥宋玉，何必恨王昌。

从此，觅"有心郎"，乃成玄机人生第一大愿。既然心系此愿，自是难以久居道观。正是——"欲求三清长生之道，而未能忘解佩荐枕之欢"。于是离观，由女道士而"女冠"。所谓"女冠"，亦近艺，只不过名分上略高一等。她大部分诗中，皆流露对真爱之渴望，对"有心郎"之慕求的主动性格。修辞有时含蓄，有时热烈，浪漫且坦率。是啊，对于一位是"女冠"的才女，还有比"自能窥宋玉，何必恨王昌"这等大胆自白更坦率的吗？

然虽广交名人、雅士、才子，于他们中真爱终不可得，也终未遇见过什么"有心郎"。倒是一次次地、白白地将满心怀的缠绵激情和热烈之恋空抛空撒，换得的只不过是他们的逢场作戏对她的打击。

有次，一位与之要好的男客来访，她不在家。回来时婢女绿翘告诉了她，她反疑心婢女与客人有染，严加笞审，致使婢女气绝身亡。

此时的才女鱼玄机，因一番番深爱无果，其实心理已经有几分失常。事发，问斩，年不足三十。

悲也夫绿翘之惨死！
骇也夫玄机之猜祸！

《全唐诗》纳其诗四十八首，仅次于薛涛，几乎首首皆佳，诗才不让薛涛。

更可悲的是，生前虽与温庭筠情诗唱和频繁，《全唐诗》所载温庭筠全部诗中，却不见一首温回赠她的诗。而其诗中"如松匪石盟长在，比翼连襟会肯迟"句，成了才子与"女冠"之亲密接触的大讽刺。

在诗才方面，与薛涛、鱼玄机三璧互映者，当然便是李冶了。她"美姿容，善雅谑，喜丝弦，工格律。生性浪漫，后出家为女道士，与当时名士刘长卿、陆羽、僧皎然、朱放、阎伯钧等人情意相投"。

玄宗时，闻一度被召入宫。后因上诗朱泚[1]，被德宗处死。也有人说，其实没迹于安史之乱。

冶之被召入宫，毫无疑问不但因了她的多才多艺，也还得幸于她的"美姿容"。宫门拒丑女，这是常识，不管多么地才艺双全。入宫虽是一种"荣耀"，却也害了她。倘她的第一种命运属实，那么所犯乃"政治罪"也。即使其命运非第一种，是第二种，想来也肯定地凶多吉少；一名"美姿容"的小女子，且无羽庇护，在万民流离的战乱中还会有好的下场吗？

《全唐诗》中，纳其诗十八首，仅遗于世之数。冶诗殊少绮罗香肌之态，情感真切，修辞自然。今我读其诗，每觉下阕总是比上阕更好。大约因其先写景境，后陈心曲，而心曲稍露，便一向能拨动读者心弦吧。所爱之句，抄于下：

  溢城潮不到，夏口信应稀。
  唯有衡阳雁，年年来去飞。

其盼情诗之殷殷，令人怜怜不已。以"潮不到"之对"信应稀"，可谓神来之笔。又如：

  远水浮仙棹，寒星伴使车。

---

[1] 唐建中四年（783年），泾原兵变，攻陷长安，唐德宗逃至奉天，武将朱泚自立为帝，后兵败被杀。传说李冶为了自保，曾献诗朱泚，唐德宗回到长安后，盛怒之下，下令将李冶乱棒扑杀。

因过大雷岸，莫忘八行书。

郁郁山木荣，绵绵野花发。
别后无限情，相逢一时说。

驰心北阙随芳草，极目南山望旧峰。
桂树不能留野客，沙鸥出浦谩相逢。

……薛涛也罢，鱼玄机也罢，李冶也罢，她们的人生主要内容之一，总是在迎送男人。他们皆是文人雅士、名流才子。每有迎，那一份欢欣喜悦，遍布诗中；而每送，却又往往是泥牛入海，连她们殷殷期盼的"八行书"都再难见到。然她们总是在执着而又迷惑地盼盼盼，思念复思念，"才下眉头，却上心头"。

唐代女诗人中"三璧"之名后，要数关盼盼尤须一提了。她的名，似乎可视为唐宋两代女诗人女词人们的共名——"盼盼"，其名苦也。

关盼盼，徐州妓也，张建封纳为妾[1]。张殁，独居鼓城故燕子楼，历十余年。白居易赠诗讽其未死。盼盼得诗，注曰："妾非不能死，恐我公有从死之妾，玷清范耳。"乃和白诗，旬日不食而卒。

那么可以说，盼盼绝食而亡，是白居易以其大诗人之名压迫的结果。作为一名妾，为张守节历十余年，原本不关任何世人什么事，更不关大诗人白居易什么事。家中宠着三妻四妾的大诗人，却竟然作诗讽其未死，真不知是一种什么样的心理使然。

其《和白公诗》如下：

自守空楼敛恨眉，形同春后牡丹枝。
舍人不会人深意，讶道泉台不去随。

---

[1] 也有一说为张愔，其为张建封之子。

遭对方诗讽,而仍尊对方为"白公""舍人",也只不过还诗略作"舍人不会人深意"的解释罢了。此等宏量,此等涵养,虽卑为妓、为妾,实在白居易们之上也!而《全唐诗》的清代编辑者们,却又偏偏在介绍关盼盼时,将白居易以诗相嘲致其绝食而死一节,白纸黑字加以注明,真有几分"盖棺定论",不,"盖棺定罪"的意味。足见世间自有公道在,是非曲直,并不以名流之名而改而变!

且将以上四位唐代杰出女诗人的命运按下不复赘言,再说那些同样极具诗才的女子,命善者实在无多。

如步非烟——"河南府功曹参军之妾,容质纤丽,善秦声,好文墨。邻生赵象,一见倾心。始则诗笺往还,继则逾垣相从。周岁后,事泄,惨遭笞毙。"

想那参军,必半老男人也。而为妾之非烟,时年也不过二八有余。倾心于邻生,正所谓青春恋也。就算是其行该惩,也不该当夺命。活活鞭抽一纤丽小女子至死,忒狠毒也。

其生前《答赵象》诗云:

相思只恨难相见,相见还愁却别君。
愿得化为松上鹤,一双飞去入行云。

正是,爱诗反为诗祸,反为诗死。

唐代的女诗人们命况悲楚,宋代的女词人们,除了一位李清照,因是名士之女,又是太学士之妻,摆脱了为姬、为妾、为婢、为妓的"粉尘"人生而外,她们十之七八亦皆不幸。

如严蕊——营妓,"色艺冠一时,间作诗词,有新语,颇通古今"。

宋时因袭唐风,官僚士大夫狎妓之行甚糜。故朝廷限定——地方官只能命妓陪酒,不得有私情,亦即不得发生肉体上的关系。官场倾轧,一官诬另一官与蕊"有私",株连于蕊,被拘入狱,备加棰楚。蕊思己虽身为贱妓,"岂可妄言以污士大夫",拒做伪证。历两月折磨,委顿几死。而那企图使她屈打成招的,非别个,乃因文名而服官政的朱熹是也。后因其事闹到朝廷,朱熹改调别处,严蕊才算结束了牢狱之灾,刑死之祸。时人因其舍身求正,誉为"妓中侠"。宋朝当代及后代词家们,皆公认其才仅亚薛涛。

"不是爱风尘,似被前身误"之名句,即出严蕊《卜算子》中。

如吴淑姬——本"秀才女,慧而能诗,貌美家贫,为富室子所占有,或诉其奸淫,系狱,且受徒刑"。

其未入狱前,因才色而陷狂蜂浪蝶们的追猎重围。入狱后,一批文人雅士前往理院探之。时冬末雪消,命作《长相思令》词。稍一思忖,捉笔立成:

烟霏霏,雪霏霏,雪向梅花枝上堆,春从何处回?
醉眼开,睡眼开,疏影横斜安在哉,从教塞管催。

如朱淑真、朱希真都是婚姻不幸终被抛弃的才女。二朱中又以淑真成就大焉,被视为是李清照之后最杰出的女诗人。坊间相传,她是投水自杀的。

如身为营妓而绝顶智慧的琴操,在与苏东坡试作参禅问答后,年华如花遂削发为尼。在妓与尼之间,对于一位才女,又何谓稍强一点儿的人生出路呢?

如春娘——苏东坡之婢。东坡竟以其换马。春娘责曰:"学士以人换马,则贵畜贱人矣!"口占一绝以辞:

为人莫作妇人身,百般苦乐由他人。
今日始知人贱畜,此生苟活怨谁嗔!

文人雅士名流间以骏马易婢,足见春娘美婢也。

这从对方交易成功后沾沾自喜所作的诗中便知分晓:

不惜霜毛雨雪蹄,等闲分付赎蛾眉。

虽无金勤嘶明月，却有佳人捧玉卮。

以美婢而易马，大约在苏东坡一方，享其美已足厌矣。而在对方，也不过是又得了一名捧酒壶随侍左右的漂亮女奴罢了。春娘下阶后触槐而死。

如温琬——当时京师士人传言："从游蓬岛宴桃溪，不如一见温仲圭。"而太守张公评之曰："桂枝若许佳人折，应作甘棠女状元。"虽才可作女状元，然身为妓。

其《咏莲》云：

深红出水莲，一把藕丝牵。
结作青莲子，心中苦更坚。

其《书怀》云：

鹤未远鸡群，松梢待拂云。
凭君视野草，内自有兰薰。

字里行间，鄙视俗士，虽自知不过一茎"野草"，而力图保持精神灵魂"苦更坚""有兰薰"的圣洁志向，何其令人肃然！命运大异其上诸才女者，当属张玉娘与申屠希光。玉娘少许表兄沈佺为妻，后父母欲攀高门，单毁前约。悒病而卒。[1] 玉娘乃以死自誓，亦以忧卒。遗书请与同葬于枫林。其《浣溪沙》词，字句呈幽冷萧瑟之美，独具风格。云：

玉影无尘雁影来，绕庭荒砌乱蛩哀，凉窥珠箔梦初回。
压枕离愁飞不去，西风疑负菊花开，起看清秋月满台。

---

[1] 有说法云，沈佺为了张玉娘发奋读书，却在榜眼及第后因病而亡。六年后，张玉娘亦郁郁而终。

玉娘不仅重情宁死，且是南宋末世人皆公认之才女。卒时年仅二十七岁。

申屠希光则是北宋人，十岁便善词，二十岁嫁秀才董昌。后一方姓权豪，垂涎其美，使计诬昌重罪，杀昌至族。灭门诛族之罪，大约是被诬为反罪的吧？于是其后求好于希光，伊知其谋，乃佯许之，并乞葬郎君及遭诛族人，密托其孤于友，怀利刃往，是夜刺方于帐中，诈为方病，呼其家人，先后尽杀之。斩方首，祭于昌坟，亦自刎颈而亡。

其《留别诗》云：

女伴门前望，风帆不可留。
岸鸣蕉叶雨，江醉蓼花秋。
百岁身为累，孤云世共浮。
泪随流水去，一夜到阗州。

申屠希光肯定是算不上一位才女的了，但"岸鸣蕉叶雨，江醉蓼花秋"，亦堪称诗词中佳句也。

唐诗巍巍，宋词荡荡。观其表正，则仅见才子之文采飞扬，雅士之舞文弄墨，大家之气吞山河，名流之流芳千古。若亦观其背反，则多见才女之命乖运舛，无可奈何地随波逐流。如苏轼词句所云："似花还似非花，也无人惜，从教坠。"更会由衷地叹服她们那一种几乎天生的与诗与词的通灵至慧，以及她们诗品的优美，词作的灿烂。

我想，没有这背反的一面，唐诗宋词断不会那般的绚丽万端，瑰如珠宝吧？

我的意思不是一种衬托的关系。不，不是的。我的意思其实是——未尝不也是她们本身和她们的才华，激发着、滋润着、养育着那些以唐诗、以宋词而在当时名噪南北，并且流芳百代的男人。

背反的一面以其凄美，使表正的一面的光华得以长久地辉耀不衰；而表正的一面，又往往直接促使背反的一面，令其凄美更凄更美。

当然，有些男性诗人词人，其作是超于以上关系的。如杜甫，如辛弃疾等。

但以上表正与背反的关系，肯定是唐诗宋词的内质量状态无疑。

所以，我们今人欣赏唐诗宋词时，当想到那些才女，当对她们必怀感激和肃然。仅仅有对那些男性诗人词人的礼赞，是不够的。尽管她们的名字和她们的才华，她们的诗篇和词作，委实是被埋没和漠视得太久太久了。

这一唐诗宋词之现象，是很中国特色的一种文化现象。清朝因是少数民族统治的朝代，与古代汉文化的男尊女卑没有直接的瓜葛，所以《全唐诗》才会收入了那么多姬、妾、婢、妓之诗。若由唐朝的文人士大夫们自选自编，结果怎样，殊难料测也……

百年文化的表情

千年之交，回眸凝睇，看中国百余年文化云涌星驰，时有新思想的闪电，撕裂旧意识的阴霾；亦有文人之呐喊，儒士之捐躯；有诗作檄文，有歌成战鼓；有鲁迅勇猛所掷的投枪，有闻一多喋血点燃的《红烛》；有《新青年》上下求索强国之道，有新文化运动势不两立的摧枯拉朽……

俱往矣！

历史的尘埃落定，前人的身影已远，在时代递进的褶皱里，百余年文化积淀下了怎样的质量？又向我们呈现着怎样的"表情"？

弱国文化的"表情"，怎能不是愁郁的？怎能不是悲怆的？怎能不是凄楚的？

弱国文人的文化姿态，怎能不迷惘？怎能不《彷徨》？怎能不以其卓越的清醒，而求难得之"糊涂"？怎能不以习惯了的温声细语，而拼作斗士般的仰天长啸？

当忧国之心屡遭挫创，当同类的头被砍太多，文人的遁隐，也就是自然而然的了。

倘我们的目光透过百年，向历史的更深远处回望过去，那么遁隐的选择，几乎也是中国古代文人的"时尚"了。

那么我们就不能不谈《聊斋志异》了。蒲松龄作古已近三百年，《聊斋志异》成书面世二百四十余年[1]。之所以要越过百年先论此书，实在因

---

[1] 蒲松龄（1640—1715）去世后，《聊斋志异》主要以抄本形式流传，直到乾隆三十一年（1766年）才有了第一个刊本青柯亭本面世。

为它是我最喜欢的文言名著之一，也因为近百年中国文化的扉页上，分明染着蒲松龄那个朝代的种种混杂气息。

蒲公笔下的花精狐魅、鬼女仙姬，几乎皆我少年时梦中所恋。

《聊斋志异》是出世的。

蒲松龄的出世是由于文人对自己身处当世的嫌恶。他对当世的嫌恶又源于他仕途的失意。倘他仕途顺遂，富贵命达，我们今人也许——就无《聊斋志异》可读了。

《聊斋志异》又是入世的，而且入得很深。

蒲松龄背对他所嫌恶的当世，用近五百篇小说，为自己营造了一个较适合他那一类文人之心灵得以归宿的"拟幻现世"。美而善的妖女们所爱者，几乎无一不是他那一类文人。自从他开始写《聊斋志异》，他几乎一生浸在他的精怪故事里，几乎一生都在与他笔下那些美而善的妖女眷爱着。

但毕竟的，他背后便是他们嫌恶的当世，所以那当世的污浊，漫过他的肩头，淹向他的写案——故《聊斋志异》中除了那些男人梦魂萦绕的花精狐魅，还有《促织》《梦狼》《席方平》中的当世丑类。

《聊斋志异》乃中国古代文化"表情"中亦冷亦温的"表情"。作者以冷漠对待他所处的当世，将温爱给予他笔下那些花狐鬼魅……

《水浒传》乃中国百年文化前页最为激烈的"表情"。由于它的激烈，自然被朝廷所不容，被列为禁书。它虽产生于元末明初，所写虽是宋代的反民英雄，但其影响似乎在清末更大，预示着"山雨欲来风满楼"……

而《红楼梦》，撇开缠绵悱恻的爱情故事主线，读后确给人一种盛极而衰的挽亡感。

此外还有《儒林外史》《官场现形记》《二十年目睹之怪现状》《老残游记》《孽海花》——构成着百年文化前页的谴责"表情"。

《金瓶梅》是中国百年文化前页中最难一言评定的一种"表情"。如果说它毕竟还有着反映当世现实的重要意义，那么其后所产生的不计其数的所谓"艳情小说"，散布于百年文化的前页中，给人，具体说给我一种文化在沦落中麻木媚笑的"表情"印象……

百年文化扉页的"表情"是极其严肃的。

那是一个中国近代史上政治思想家辈出的历史时期。在这扉页上最后一个伟大的名字是孙中山。这个名字虽然写在那扉页的最后一行，但比之前列的那些政治思想家都值得纪念。因为他不仅思想，而且实践，而且几乎成功。

于是中国百年文化之"表情"，其后不仅保持着严肃，并在相当一个时期内是凝重的。

于是才会有"五四"，才会有新文化运动。

新文化运动是中国百年文化"表情"中相当激动相当振奋相当自信的一种"表情"。

鲁迅的作家"表情"个性最为突出。《狂人日记》振聋发聩；《彷徨》的精神苦闷跃然纸上；《阿Q正传》和《坟》，乃是长啸般的《呐喊》之后，冷眼所见的深刻……

白话文的主张，当然该算是新文化运动中的一个事件。倘我生逢那一时代，我也会为白话文推波助澜的。但我不大会是特别激烈的一分子，因为我也那么地欣赏文言文的魅力。

国防文学和民族革命战争的大众文学之争论，无疑是现代文学史上没有结论的话题。倘我生逢斯年，定大迷惘，不知该支持鲁迅，还是该追随"四条汉子"[1]。

这大约是近代文学史上最没什么必要也没什么实际意义的争论吧？

"内耗"每每也发生在优秀的知识分子们之间。

但是于革命的文学、救国的文学、大众的文学而外，竟也确乎另有一批作家，孜孜于另一种文学，对大文化进行着另一种软性的影响——比如林语堂（他是我近年来开始喜欢的）、徐志摩、周作人、张爱玲……

他们的文学，仿佛中国现代文学"表情"中最超然的一种"表情"。

甚至，还可以算上朱自清。

---

[1] 四条汉子：出自鲁迅《答徐懋庸并关于抗日统一战线问题》一文，指阳翰笙、田汉、夏衍、周扬四人。

从前我这一代人，具体说我，每以困惑不解的眼光看他们的文学。怎么在国家糟到那种地步的情况之下还会有心情写他们那一种闲情逸致的文学？

现在我终于有些明白——文学和文化，乃是有它们自己的"性情"的，当然也就会有它们自己自然而然的"表情"流露。表面看起来，作家和文化人，似乎是文学和文化的主人，或曰上帝。其实，真相也许恰恰相反。也许——作家们和文化人们，只不过是文学和文化的"打工仔"。只不过有的是"临时工"，有的是"合同工"，有的是——"终生聘用者"。文学和文化的天性中，原有愉悦人心，仅供赏析消遣的一面。而且，是特别本色的一面。倘有一方平安，文学和文化的天性便在那里施展。

这么一想，也就不难理解林语堂在他们所处的那个时代与鲁迅相反的超然了，也就不会非得将徐志摩清脆流利的诗与柔石《为奴隶的母亲》对立起来看而对徐氏不屑了，也就不必非在朱自清和闻一多之间确定哪一个更有资格入史了。当然，闻一多和他的《红烛》更令我感动，更令我肃然。

历史消弭着时代烟霭，剩下的仅是能够剩下的小说、诗、散文、随笔——都将聚拢在文学和文化的总"表情"中……

繁荣在延安的文学和文化，是中国有史以来，气息最特别的文学和文化，也是百年文化"表情"中最纯真烂漫的"表情"——因为它当时和一个最新最新的大理想连在一起。它的天真烂漫是百年内前所未有的。说它天真，是由于它目的单一；说它烂漫，是由于它充满乐观……

新中国成立后，前十七年的文学和文化"表情"是"好孩子"式的。偶有"调皮相"，但一遭眼色，顿时中规中矩。

"文革"中的文学和文化"表情"是面具式的，是百年文化中最做作最无真诚可言最令人讨厌的一种"表情"。

"新时期文学"的"表情"是格外深沉的。那是一种真深沉。它在深沉中思考国家，还没开始自觉地思考关于自己的种种问题……

20世纪80年代后期的文学和文化"表情"是躁动的，因为中国处在躁动的阶段……

20世纪90年代前五年的文化"表情"是"问题少年"式的。它的"表情"意味着——"你"有千条妙计,"我"有一定之规……

20世纪90年代后五年的文化"表情"是一种自我放纵乐在其中的"表情"。问题少年已成独立性很强的青年。它不再信崇什么。它越来越不甘被拘束。它渴望在自我放纵中走自己的路。这一种自我放纵有急功近利的"表情"特点,也每有急赤白脸的"表情"特点,还似乎越来越玩世不恭……

据我想来,在以后的三五年中,中国当代文学和文化,将会在自我放纵的过程中渐渐性情稳定。归根结底,当代人不愿长期地接受喧嚣浮躁的文学和文化局面。

归根结底,文学和文化的主流品质,要由一定数量一定质量的创作来默默支撑,而非靠一阵阵的热闹及其他……

情形好比是这样的——百年文化如一支巨大的礼花,它由于受潮气所侵而不能至空一喷,射出满天灿烂,花团似锦;但其断断续续喷出的光彩,毕竟辉辉烁烁照亮过历史,炫耀过我们今人的眼目。而我们今人是这礼花最后的内容……

我们的努力喷射恰处人类的千年之交。

当文学和文化已经接近自由的境况,相对自由了的文学和文化还会奉献什么?又该是怎样的一种"表情"?什么是我们自己该对自己要求的质量?

新千年中的新百年,正期待回答……

评论的尺度

在我的理解之中,评论其实并非是一件事,而是既相似又具有显然区别的两件事——相对于文学艺术,尤其如此。

评说之声,可仅就一位文学艺术家的单独的作品而发;而议论文,则就要在消化与一位文学艺术家的或一类文学艺术现象的诸多种文学艺术创作的资料之后,才可能有的放矢。

打一个有几分相似又不是特别恰当的比喻——评像是医学上的单项诊断,而论像是全身的体检报告。

比如,倘我们仅就张艺谋《英雄》言其得失,那么我们只不过是在评《英雄》,或表述得更明确一些,评张艺谋执导的商业大片《英雄》;而倘若我们仅就《英雄》发些自诩为"张艺谋论"的看法,那么,结果恐怕是事与愿违的。因为张艺谋执导的电影既有《英雄》之前的《秋菊打官司》和《一个都不能少》等,又有《英雄》之后的《千里走单骑》等。

以上自然是文学艺术之评论的常识,本无须赘言的。我强调二者的区别,乃是为了引出下面的话题,即我的学生们经常对我提出的一个我和他们经常共同面临的问题——文学艺术的评论有标准吗?如果有,又是些怎样的标准?被谁确定为标准的?他们凭什么资格确定那样一些标准?我们为什么应该以那样一些标准作为我们对文学艺术进行评论的标准?如果不能回答以上问题,那么是否意味着所谓文学艺术的评论,其实并没有什么应该遵循的可称之为"正确"的标准?果真如此的话,评论之现象,岂不成了一件原本并没有什么标准，或曰原则，实际上只不过是每一个评论者自说自话的无意义之事了吗？是啊，你说你的，我说我的，没有判断对错的尺度放在那儿，还评个什么劲儿论个什么劲儿呢？这样的话语，人还非说它干吗呢？

我的第一个回答是：尺度确乎是有的。标准或曰原则也确乎是有的。只不过，评有评的尺度、标准、原则，论有论的尺度、标准、原则。而论是比评更复杂的事，因而也需对那尺度、标准和原则，心存较全面的而非特别主观的偏见。

我的第二个回答是：人们看待自然科学的理念是这样的——世界是物质的，物质是运动的，运动是有规律的，规律是可以认知和掌握的。

我想，人们看待文学艺术，不，文学和艺术的理念，当然同样——世界不仅是物质的，而且也是文化的（包括文学和艺术）；文学和艺术体现为人类最主要的文化现象，是不断进行自身之调衡、筛选及扬弃的；其内容和形式乃是不断丰富，不断创新的；文学和艺术古往今来的这一过程，也毕竟总是有些规律可循的；遵循那些规律，世人是可以发乎自觉的，表现能动性也梳理并提升各类文学和艺术的品质的；而评和论的作用，每充分贯穿于以上过程之中……

同学们要求说：老师哎，你的话说来说去还是太抽象，能不能谈得更具体一点儿呢？我思忖片刻，只得又打比方。

我说：亲爱的同学们，人来到世上，不管自己是否是一个与文学和艺术形成职业关系的人，他或她其实都与文学和艺术发生了一个与世人和两个口袋的关系。两个口袋不是指文学和艺术——而是指一个本已包罗万象，内容极为丰富又极为芜杂的口袋，人类文化的口袋和一个起初空空如也的，自己这一生不可或缺的，如影随形的自给自足的纯属个人的文化的口袋。这一个口袋对于大多数世人绝不会比钱包还重要。只不过像一个时尚方便的挎包。有最好，没有其实也无所谓的。但是对于一个与文学和艺术形成了热爱的进而形成了职业之关系的人，个人的文化之口袋的有或无，那一种重要性就意义极大，非同小可了。

这样的一个人，他往往是贪婪的。贪而不知餍足。一方面，他知道人类的文化的口袋里，对自己有益的好东西太多了。这使他不断地将手伸入进去往外抓取。对于他，那都是打上了前人印章的东西，抓取到了放入自己的文化口袋里，那也不能变成自己的。既然不能变成自己的，抓取对于他就没有什么特殊意义。而要想变成自己的，那就要对自己抓取在手的进行一番辨识，看究竟值不值得放入自己的口袋。他或她依据什么得出值与不值的结论呢？第一，往往要依据前人的多种多样的看法，亦即前人的评和论。第二，要依据自己的比较能力。可以这么说，在比较文学和比较艺术的理论成为理论之前，一个与文学和艺术发生了亲密关系的人，大抵已相当本能地应用着比较之法了。比较文学和比较艺术的理论，只不过总结了那一种比较的本能经验，使本能之经验理论化了。第三，本人的文化成长背景也起着不容忽视的暗示作用。但我们后人实在是应该感激先人。没有先人们作为遗产留下了多种多样的评和论，以及丰富多彩的文学和艺术的作品，那么我们将根本无从参考，也无从比较。

我们与文学和艺术发生了亲密关系的人，不仅仅是些只知一味从人类的文化口袋里贪婪地抓取了东西往自己的文化口袋里放的人。我们这种人的特征，或曰社会义务感，决定了我们还要使自己的文化口袋变成为文学和艺术的再生炉。

也就是说，我们取之于哪一个口袋，我们就要还之于哪一个口袋。抓取了创作成果之营养的，要还之以创作的成果。抓取了评的或论的成果之营养的，要还之以同样的成果。谁不许我们还都不行。这是我们这类人实现自我价值的唯一方式。我们这类人的一切欣慰，全都体现在所还的质量方面。社会以质作为我们的第一考评标准，其次是量。而在我们这种人，大多数情况乃是——没有一定的量的实践，真是不太会自然而然提交的。一生一部书一幅画一次演出流芳千古的例子，并不是文学史和艺术史上的普遍现象，而是个别的例子……

同学们：老师，你扯得太远了，请直接说出评的尺度和论的尺度！既然您刚才已经言之凿凿地说过有！

我：亲爱的同学们，耐心点儿，再耐心点儿。现在，让我告诉你们那尺度都是什么：

第一，和平主义。

第二，审美价值。

第三，爱的情怀。

第四，批判之精神，亦曰文化的道义担当之勇气。

第五，以虔诚之心确信，以上尺度是尺度，以上原则是原则；并以文学的和艺术的眼光，看以上诸条，是否在文学的和艺术的作品中，得到了文学性的和艺术性的或传统的或创新的或深刻的或激情饱满的发挥。总而言之，将要创作什么？为什么创作？怎样与创作结合起来进行评和论？

同学们：老师啊老师，您说的那算是些什么尺度啊！太老生常谈了！半点儿新观念也没有哇！听起来根本不像在谈文学和艺术，倒像是在进行道德的说教！

我：诸位，少安毋躁。我只不过才说了我的话的一半。我希望你们日后在进行文学的文艺的评或论的时候，头脑里能首先想到两个主义，一个方法。它们都是你们常挂在嘴边上动辄夸夸其谈的，但是我认为你们中其实少有人真的懂得了那是两个什么样的主义，一个什么样的方法。

第一个主义叫作解构主义。这个主义说白了就是"拆散"一番的主义。也不是主张对一切都"拆散"了之，而是主张在"拆散"之后重新来发现价值。我们都知道的，世上有些事物，有些现象，初看起来，具有某种价值似的，一旦"拆散"，于是了无可求。证明看起来形成印象的那一种价值，原本就是一种虚悬的价值。而还有些事物或现象，是不怕"拆散"的，也是经得住"拆散"的。即使被"拆散"了，仍具有人难以轻弃的价值。比如一个崭新的芭比娃娃或一艘老式战舰。芭比娃娃是经不起一拆的，拆了就只不过一地纤维棉和一地布片。不是芭比娃娃没有它自己的价值，而是强调它的价值一定在它是一个芭比娃娃时才具有。但一艘战舰，即使被拆了，钢铁还有不可忽略的价值。以战舰对比芭比娃娃，太欠公平了。那么就说是一只老式的罗马表"解构"了，也许会发现小部件与小部件之间所镶的钻石。而芯内的钻石，只有在"解构"之后才会被人眼看到。一把从前的玻璃刀也是那样。刀头上的钻石的价值是不应被轻易否定的。故我希望你们明白——这世上确乎存在着连解构主义也对之肃然的事物或现象。凡是解构主义解构来解构去，甚或轻易根本不敢对之实行解构的特别稳定的价值，它若体现在文学或文艺之中了，评和论都要首先予以肯定。连这个态度都丧失了的评和论，就连客观公正也首先丧失了。所以我再说一遍，凡解构主义最终无法解构得了无可取代的价值取向，皆可作评和论的尺度。我刚才举到的只不过是我所重视的，自然非是全部。

第二个主义是存在主义。一谈到存在主义，有人就联想到了那样一句话——"凡存在的，即合理的。"在这句话中，"合理"是什么意思呢？非是指合乎人性情理，也非是指伦理学方面的道理，而是指逻辑学上的因果之理。即其因在焉，其果必存。某些评或论，不究其因，只鞭其果，不是有思想有见识的评和论。所以我希望同学们，发表否定之声的时候，当先自问——那原因我看到了没有？倘看到了，又不敢说，那就干脆缄口，什么都别说了。当老师的人，每顾左右而言他，圆滑也。圆滑非是评和论的学问或经验，是大忌也，莫学为好。存在主义是评论具有社会批判性的文学和文艺的不可或缺的一种尺度。

现在我们该谈谈那一种方法了。非它，比较之法而已。所谓"比较文学"，即应用比较之法认识文学品质的一种方法。不比较，难鉴别。这是常识。老百姓买东西，还往往货比三家呢。

这种方法，自评论之事产生，其实一贯为人用也。但那是一种本能性的方法之应用，并未被上升为理论。由经验而理论，只不过是上一个世纪才有的事。一切之人，面对文学或文艺，忽觉有话要说，头脑中那第一反应是什么反应呢？最初的资讯反应而已。民间夸邻家的女孩儿漂亮，怎么说？——"呀，这丫头，俊得像……"于是夸者联想到了嫦娥，而你们今天会联想到某某明星、模特。一个人头脑里所储存的资讯越丰富，评起来论起来就越自信。而自信的评和论，与不自信的评和论的区别乃在于——前者之言举一反三，后者却每每只能一味地说："我觉得……"因为除了自己的"觉得"，几乎再就说不出别的什么。所以同学们要多读，多看，使自己关于文学和文艺的资讯背景渐渐厚实起来，以备将来从事与评和论的能力有联系的职业……

最后我要说的是——或言我要做一番解释：我虽仅只大略地归纳了五

条尺度，其实它们包含着互相贯通的内在结构。比如在我这儿，想象力的魅力，也是一种类。故《西游记》依我之眼来看，首先是美的文学。《白蛇传》更是古今中外极美之例也。而牺牲精神、正义行为，尤其是美的。故在我这儿，连《赵氏孤儿》都是美的。爱的情怀，当然也不仅仅指男女之爱。《汤姆叔叔的小屋》，大爱之作品也。《拯救大兵瑞恩》的主题是什么呢？可不可以说是枪林弹雨之中的人类爱的大情怀的诠释呢？而在批判之精神的感召下，近二百年来，古今中外曾产生了多少优秀的文学和文艺啊！

我的结束语是：将解构主义当成棍棒横扫一切的评和论的现象，是对解构主义不得要领的"二百五"的现象。以"凡存在的，即合理的"为盾牌，专门做某些显而易见的文化垃圾的卫士的人，犯的乃是理解力方面的低级错误。如果我们正确领会了以上两种主义，再加上善于运用比较之法，则定会在评和论这两件事中，提高自己，有益他人。归根结底，评和论的尺度即不但有，而且是需郑重对待的。

肆 文明的尺度

中国人文文化的现状

我先朗诵一首台湾诗人羊令野的《红叶赋》：

我是裸着脉络来的，
唱着最后一首秋歌的，
捧出一掌血的落叶啊，
我将归向我第一次萌芽的土。

风为什么萧萧瑟瑟，
雨为什么淅淅沥沥，
如此深沉的漂泊的夜啊，
欧阳修你怎么还没有赋个完呢。

我还是喜欢那位宫女写的诗，
御沟的水啊缓缓地流，
啊小小的一叶载满爱情的船，
一路低吟到你跟前。

现在是一个多元化的时代，对文学的理解也以多元为好，一个人过分强调自己所理解的文学理念的话，有时可能会显得迂腐，有时会显得过于理想主义，甚至有时会显得偏激。而且最主要的是我并不能判断我的文学理念，或者说我对文学现象的认识是否接近正确。人不是越老越自信，而是越老越不自信了。这让我想起数学家华罗庚举的一个例子，他说人对社会、对事物的认识，好比伸手到袋中，当摸出一只红色玻璃球的时候，你判断这只袋子里装有红色玻璃球，这是对的，然后你第二次、第三次连续摸出的都是红色玻璃球，你会下意识地产生一个结论：这袋子里装满了红色玻璃球。但是也许正在你产生这个意识的时候，你第四次再摸，摸出一只白色玻璃球，那时你就会纠正自己："啊，袋子里其实还有白色的玻璃球。"当你第五次摸时，你可能摸出的是木球，"这袋子里究竟装着什么球？"你已经不敢轻易下结论了。

我们到大学里来主要是学知识的，其实"知识"这两个字是可以，而且应当分开来理解的。它包含着对事物和以往知识的知性和识性。知性是什么意思呢？只不过是知道了而已，甚至还是只知其一，不知其二。同学们从小学到中学到高中，所必须练的其实不过是知性的能力，知性的能力体现为老师把一些得出结论的知识抄在黑板上，告诉你那是应该记住的，学生把它抄在笔记本上，对自己说那是必然要考的。但是理科和文科有区别，对理科来说，知道本身就是意义。比如说学医的，他知道人体是由多少骨骼，多少肌肉，多少神经束构成的，在临床上，知道肯定比不知道有用得多。

但是文科之所以复杂，是因为它不能仅仅停止在"知道"而已，尤其在今天这样一个资讯发达的时代。比如说我在讲电影、中外电影欣赏评论课时，就要捎带讲到中外电影史；但是在电影学院里，电影史本身已经构成一个专业，而且一部电影史可能要讲一学年。电影史就在网上，你按三个键，一部电影史就显现出来了，还需要老师拿着电影史画出重点，再抄在黑板上吗？

因此我讲了两章以后，就合上书了。我每星期只有两堂课，对同学来说，这两堂课是宝贵的，我恐怕更要强调识性。我们知道了一些，怎样认识它？又怎样通过我们的笔把我们的认识记录下来，而且这个记录的过程使别人在阅读的时候，传达了这种知识，并且产生阅读的快感？本学期开学以来，同学们都想让我讲创作，但是我用了三个星期六堂课的时间讲

"人文"二字。大家非常惊讶，都举手说："'人文'我懂啊，典型的一句话就够了——以人为本。"你能说他们不知道吗？如果我问你们，你们也会说"以人为本"；如果下面坐的是政府公务员，他们也知道以人为本；若是满堂的民工，只要其中一些是有文化的，他也会知道人文就是以人为本。那么我们大学学子是不是真的比他们知道得更多一点儿呢？除了以人为本，还能告诉别人什么呢？

如果我们看一下历史，三万五千年以前，人类还处在蒙昧时期，那时人类进化的成就无非就是认识了火，发明了最简单的工具武器；但是到五千年前的时候已经很不一样了，出现了城邦的雏形、农业的雏形，有一般的交换贸易，而这时只能叫文明史，不能叫文化史。

文化史，在西方至少可以追溯到公元前3500年，那时出现了楔形文字。有文字出现的时候才有文化史，然后就有了早期的文化现象。从公元前3500年再往前的一千年内，人类的文化都是神文化，在祭祀活动中，表达对神的崇拜；到下个一千年的时候，才有一点儿人文化的痕迹，也仅仅表现在人类处于童年想象时期的神和人类相结合生下的半人半神人物传说。那时的文化，整整用一千年时间才能得到一点点进步。

到公元前500年时，出现了《伊索寓言》。我们在读《农夫和蛇》的时候，会感觉不就是这么一个寓言吗？不就是说对蛇一样的恶人不要有恻隐吗？甚至我们会觉得这个寓言的智慧性还不如我们的"杯弓蛇影"，不如我们的"掩耳盗铃"和"此地无银三百两"。我们之所以会有这种想法，是因为我们不能把寓言放在公元前500年的人类文化坐标上来看待。公元前500年出现了一个奴隶叫伊索，我个人认为这是人类第一次人文主义的体现。想一想，公元前500年的时候，有一个奴隶通过自己的思想力争取到了自己的自由，这是人类史上第一个通过思想力争取到自由的记录。伊索的主人在世的时候曾经问过他："伊索，你需要什么？"伊索说："主人，我需要自由。"他的主人那时不想给伊索自由。伊索内心也不知道自己能不能获得，他经常扮演的角色也只不过是主人有客人来时，给客人讲一个故事。伊索通过自己的思想力来创造故事，他知道若做不好这件事情，他决然没有自由；做好了，可能有自由，也仅仅是可能。当伊索得到自由的时候，已经四十多岁了，他的主人也快死了，在临死前给了伊索自由。

当我们这样来看伊索、伊索寓言的时候，我们会对这件事、会对历史心生出一种温情和感动。这就是后来为什么人文主义要把自由放在第一位的原因。在伊索之后才出现的苏格拉底、柏拉图、亚里士多德，师生三位都强调过阅读伊索的重要性。我个人把它确立为人类文明史中相当重要的人文主义事件。还有耶稣出现之前，人类是受上帝控制的，上帝主宰我们的灵魂，主宰我们死后到另一个世界的生存。但是到耶稣时就不一样了，从前人类对神文化的崇拜（这种崇拜最主要体现在宗教文化中），到耶稣这里成为人文化，这是一种很大的进步。即使耶稣这人是虚构出来的，也表明人类在思想中有一种要摆脱上帝与自己关系的本能。耶稣是人之子，是由人类母亲所生的，是宗教中的第一个非神之"神"。我们要为自己创造另一个神，才发生了宗教上的讨伐。最后在没有征服成功的情况下，说："好吧，我们也承认耶稣是耶和华的儿子。"因为流血已不能征讨人类需要一个平凡的神的思想力。

那时是人文主义的世界，我们在分析宗教的时候，发现基督教义中谈到了战争，提到如果战争不可避免，获胜的一方要善待俘虏。关于善待俘虏的话一直到今天都存在，这是全世界的共识，我们没有改变这一点，我们继承了这一点，我们认为这是人类的文明。还有，获胜的一方有义务保护失败方的妇女和儿童俘虏，不得杀害他们。这是什么？是早期的人道主义。还提到富人要对穷人慷慨一些，要关心他们孩子上学的问题，关心到他们之中麻风病人的问题。后来，萧伯纳也曾谈到过这样的问题，及对整个社会的认识，认为当贫穷存在时，富人不可能像自己想象中一样过上真正幸福的日子，请想象一下，无论你富到什么程度，只要城市中存在贫民窟，在贫民窟里有传染病，当富人不能用栅栏把这些给隔离开的时候，当你随时能看到失学儿童的时候，如果那个富人不是麻木的，他肯定会感到他的幸福是不安全的。

我今天突然想到一个问题：英国、法国都有这么长时间的历史了，但我似乎从来没有接触过欧洲的文化人所写的对于当时王权的歌颂。但在孔老夫子润色过的《诗经》里，包括"风""雅""颂"。"风"指民间的，

"雅"是文化人的，而"颂"就是记录中国古代的文化人士对当时拥有王权者们的称颂。这给了我特别奇怪的想法，文化人士的前身，和王权发生过那样的关系，为什么会那样？古罗马在那么早的时期已经形成了三权分立、元老院，元老院的形式还是圆形桌子，每个人都可以就关系到国家命运的事物来阐述自己的观点，并展开讨论。在那样的时候，也没有出现对屋大维称颂的诗句，而《诗经》却存在着，因为我们那个时候的封建社会没有文明到这种程度。

被王权利用的宗教就会变质，变质后就会成为统治人们精神生活的方式，因此在14世纪时出现了贞洁锁、铁乳罩。当宗教走到这一步，从最初的人文愿望走入了反人性，在这种情况下出现的《十日谈》就挑战了这一点，因此我们才能知道它的意义。再往后，出现了莎士比亚、达·芬奇，情况又不一样了，我们会困惑：今天讲西方古典文学的人都会知道，莎士比亚的戏剧中充满了人文主义的气息，按照我们现在的看法，莎士比亚的戏剧都是帝王和贵族，如果有普通人的话，只不过是仆人，而仆人在戏剧中又常常是可笑的配角，我们怎么说充满人文主义呢？要知道在莎士比亚之前，戏剧中演的是神，或是神之儿女的故事，而到这里，毕竟人站在了舞台上，正因为这一点，它是人文的，就这么简单，针对神文化。

因此我们看到一个现象，在舞台上真正占据主角的必然是人上人，而最普通的人要进入文艺，需经过很漫长的争取，不经过这个争取，只能是配角。在同时代的一幅油画《罗马盛典》中，中间是苏格拉底，旁边是亚里士多德、阿基米德等，把所有罗马时期人类文化的精英都放在一个大的盛典里，而且是用最古典主义的画风把它画出来。在此之前人类画的都是神，神能那样地自信、那样地顶天立地，而现在人把自己的同类绘画在盛典中，这很重要，然后才能发展到16、17世纪的复兴和启蒙。我们今天看雨果作品的时候，看《巴黎圣母院》，感觉也不过是一部古典爱情小说而已，但有这样一个场面：卡西莫多被执行鞭笞的时候，巴黎的广场上围满了市民，以致警察要用他们的刀背和马臀去冲撞开人们。而雨果写到这一场面的时候是怀着嫌恶的，他很奇怪，为什么一个我们的同类在受鞭笞的时候，有那么多同类围观，从中得到娱乐？这在动物界是没有的，在动物界不会发生这样的情景：一种动物在受虐待的时候，其他动物会感到欢快。动物不是这样的，但人类居然是这样的。人文主义就是嘲弄这一点。

中华人民共和国成立以后的十几年间，由外国翻译过来的文学作品不像现在这样多，是有限的一些。一个爱读书的人无论借或怎么样，总是会把这些书都读遍的。屠格涅夫的《木木》和托尔斯泰的《午夜舞会》给我以非常深的印象。

《木木》讲的是屠格涅夫出身于贵族家庭，他的祖母是女地主。有一次他跟着祖母到庄园，看到一个高大的又聋又哑又丑的看门人。看门人已经成为仆人中地位最低的一个，没有人跟他交往。他有一只小狗叫木木，当女地主出现的时候，小狗由于第一次看到她，冲着女地主吠了两声，并且咬破了她的裙边。屠格涅夫的祖母命令把小狗处死。可想而知，那个人没有亲情，没有感情，没有友情，只有与那只小狗的感情，但他并没有觉悟到也不可能觉悟到我要反抗我要争取等，他最后只能是含着眼泪在小狗的颈上拴了一块石头并抚摸着小狗，然后把小狗抱到河里，看着小狗沉下去。

还有托尔斯泰的《午夜舞会》，讲的是托尔斯泰那时是名军官，在要塞做中尉。他爱上了要塞司令美丽的女儿，两人已经谈婚论嫁。午夜要塞举行舞会，他和小姐在要塞的花园里散步，突然听到令人恐怖的喊叫声，原来在花园另一端，司令官在监督对一个士兵施行鞭笞。托尔斯泰对小姐说："你能对你的父亲说停止吗？惩罚有时体现一下就够了。"但是小姐不以为然地说："不，我为什么要那样做，我的父亲在工作，他在履行他的责任。"年轻的托尔斯泰请求了三次。小姐说："如果你将来成为我的丈夫，对于这一切你应该习惯。你应该习惯听到这样的喊叫声，就跟没有听到一样。周围的人不都是这样吗？"确实周围的人就像没有听到一样，依旧在散步，男士挽着女士的手臂是那样地彬彬有礼。托尔斯泰吻了小姐的手说："那我只有告辞了，祝你晚安！"背过身走的时候，他说："上帝啊，怎么会做这样一个女人的丈夫，不管她有多么漂亮。"这影响了我的爱情观，我想以后无论我遇到多么漂亮的女人，如果她的心地像那位要塞司令官的女儿，或者她像包法利夫人那样虚荣，她都蛊惑不了我，那就是文学对我们的影响。

我从北京大串联回来的时候，走廊里挂满了大字报。我看到我的语文老师庞盈，从厕所出来，被剃了"鬼头"，脸已经浮肿，一手拿着水勺，一手拿着小桶。我不是她最喜欢的学生，但我那时的反应就是退后几步，深深地鞠个躬说："庞盈老师，你好！"她愣了一下，我听到小桶掉在地上，她退到厕所里面哭了。多少年以后她在给我的信中说："梁晓声，你还记得当年那件事吗？我可一直记在心里。"这也只能是我们在那个年代的情感表达而已。那时我中学的教导主任宋慧颖大冬天在操场里扫雪，没有戴手套，并且也被剃了"鬼头"。我跟她打招呼："宋老师，我大串联回来了，也不能再上学了，谢谢你教过我们政治，我给你鞠个躬。"这是我们只能做到的吧，但在那个年代这对人很重要。可能有一点点是我母亲教过我的，但是书本给我的更多一些。

正因为这样，再来看那些我从前读过的名著时，我内心会有一种亲切感。大家读《悲惨世界》的时候，如果不能把它放在那个时代的文化背景里来思考，那么我们还为什么要纪念雨果？他通过《悲惨世界》那样一些书，使人类文化中举起人文主义的旗帜。他的这些书是在流亡的时候写的，连巴黎的洗衣女工都舍得掏钱来买。书里面写的冉·阿让，完全可以成为杀人犯的；里面最重要的话语就是当米里哀主教早晨醒来的时候，一切都不见了，唯一的财产也被偷走了。而米里哀主教说："不是那样的，这些东西原本就是属于他们的。穷人只不过把原本属于他们的东西从我们这里拿走了。没有他们根本就没有这些。银盘子是经过矿工、银匠的手才产生的。"这思想就是讲给我们众多的公仆听的。正因为雨果把他的思想放在作品里面，一定会对法国的国家公仆产生影响，我们为此而纪念他。人道精神能使人变得高尚，这让我们今天读它的时候知道它的价值。

我们在看当下的写作的时候，会做出一种判断，那就是我们的作品中缺什么？也就是以我的眼来看中国的文化中缺什么？我们经常说，我们在经济方面落后于西方多少年，我们要补上这个课，要补上科技的一课，要补上法律意识的一课，也要补上全民文明素质的一课。但是你们听说过我们也要补上文化的一课吗？好像就文化不需要补课。这是多么奇怪，难道我们的文化真的不需要补课吗？

五四时期我们进行人文主义启蒙的时候,西方的人文主义已经完成了它的任务。也就是说我们的国家进行初期人文启蒙的时候,西方的文化正处于现代主义思潮的时期。他们现在可以为文学而文学,为艺术而艺术,为形式而形式,甚至可以说他们可以玩一下文学,玩一下文艺,因为文学已经达到了它的最高值。我们不会理解现代主义,因为我们从来没有完成过。尽管五千年中我们的古人也说过很多话,其中比较有名的如"民为贵,社稷次之,君为轻"。这时人文到了一种很高的境界,可它没有在现实中被实践过。当我们国家陷入深重灾难的时候,西方已经在思考后人文了,关于和平主义,关于进一步民主,关于环保主义,关于社会福利保障。

　　我和两位老作家去法国访问,当时下着雨,一辆法国车挡在我们的前面,我们怎么也超不过去。后来前面那辆车停下了,把车开到路边。他说一路上他们的车一直在我们前面,这不公平,车上有他的两个女儿,他不能让她们觉得这是理所当然的。我突然觉得修养在普通人的意识里能培养到什么程度。

　　前几年我认识了一个德国博士生古思亭,中文名字非常美。外国人能把汉语学成这样的程度是相当不易的。那天一位中国同学请她吃饭,当时在一个小餐馆里,那位同学说这个地方不安全,打算换个地方。走到半路,古思亭对她说:"要是面好了,而我们却走了,这是很不礼貌的。我得赶紧回去把钱交了。"从中我们可以看出人文到底在哪里。

　　人文在高层面关乎国家的公平、正义,在最朴素的层面,我个人觉得,人文不体现在学者的论文里,也不要把人文说得那么高级,不要让我感觉到"你不说我还听得清楚,你一说我反而听不明白了"。其实人文就在我们的寻常生活中,就在我们人和人的关系中,就在我们人性的质地中,就在我们心灵的细胞中,这些都是文化教养的结果,这也是我们学文化的原动力,而且是我们传播文化的一种使命。

　　我最后献给大家一首诗:

　　　　我是不会变心的 / 大理石 / 雕成塑像 / 铜 / 铸成钟 / 而我 / 是用真诚锻造的 / 假使 / 我破了 / 碎了 / 那一片片 / 也还是 / 忠诚。

论人文教育的当下意义

我觉得人文教育是漫长历史性的、广泛世界性的话题。科学能够解决人在现实中可以怎样，而"人文"二字永远不倦地提醒人在现实中应该是怎样的。人在现实中应该是怎样的，是人文永远的主题。像毛虫化蝶一样，人类用了几千年的时间，人性也不过进化到了现在的文明程度。如果我们读书稍微多一点儿，从三四百年以前，回望人类的历史，那么就会了解，人类自相残杀的现象比比皆是。人类对人类造成的苦难远远多于自然灾害，人类施加于人类的恶行罄竹难书。"一战""二战"，至今仍是人类的严重伤痕。

那么今天呢？由于石油问题，航母、战机频频出动，如果陆地消失了一大部分，或者水源严重缺失，人类之间会怎么样呢？所以，人类一直在反复教导着自身，不要回到从前。人不应该怎么样，人应该怎样。

第一，关于人文是教育的起源。有了教育才有了学校，而学校催生了科学。于是，人文和科学成为人类社会的左右腿。一条腿长、一条腿短的人是走不稳也走不远的。实际情况是，人类社会这个巨人从来没走好过，常常是一足迈进，另一足跟进。怎样使此巨人走得协调正常呢？这个难题，人文思想比科技能力解决起来效果会好。

我们今天谈人文教育、新教育，我个人认为，与二十几年来我们对于中国社会所感受到的一些道德滑坡或曰道德爬坡现象的忧虑是有关系的，也是对应试教育的对冲。

上午的朋友们谈到，在全世界自从有了教育，自从有了学校、有了考试，应试教育从来就是教育的一部分。但应仅是一部分，是过程，而不应是目的。在中国，在最近十几年内，应试教育几乎成了目的。这也就是为什么新教育要反复强调人文教育、素质教育，以形成一种对冲的初衷。

我注意到，我们国内的学者教授和朋友们，与美国来的朋友们、同行们在谈到人文教育时，状态是不一样的。后者更多是谈当代人的知识的结构，谈得从容、乐观、淡定。我们国内的同行们谈这点的时候，更多的是谈仁、德、善。谈论中，流露着失望、焦虑和语不中的之纠结。刚才美国那位朋友谈得很好，他谈到了言论自由，谈到了学术自由。正确的思想、好的思想，它必然应该在平等的讨论乃至辩论中产生。没有平等的讨论，没有平等的辩论，正确的思想是不会自然而然产生。关于这点，毛泽东自己也曾说过，人的正确思想是从哪里来的？是从天上掉下来的吗？他也提倡过民主讨论，当我们不谈这些话题的时候，我们主张的人文教育在内容方面就缺失了很大一部分。

"人文"当然是人文主义，人文思想的缩写，关于"人文"，有多种阐述，但基本内涵是一样的。

如果理解为有助于我们认识和规范人与自身、与亲友、与同事、与许许多多陌生的他者及社会的关系的共识，大体上是不会错的。马克思说"人是社会关系的总和"，此话何意呢？无非是说，每个具体的人是通过与另外许许多多的人所发生的关系，于是形成了与所谓社会的关系。

地球是万物的地球，社会却是唯独人类才有的种群形态。有时人也会与制度、法律、行业及单位规则发生矛盾，表面看来是与一些文字发生矛盾，但那样一些文字，是由另外一些人字斟句酌而写下的，固也是与他者的关系。一项制度，我们认为很"人性化"，我们愿意遵守，那么无论制定者还是我们，正是站在人文的立场上看待那制度的。也可以说，一个人只要对一项制度、一条法律或规则是否人性化具有感觉，那么就证明他是具有一定的人文意识的，即使他几乎从没思考过"人文"。当然是先有人文思想后有人文主义的，人文思想首先产生在少数人类的头脑中，此种思想在人类文化史中闪烁了几千年，曾受到的打压，往往是很严酷的。最终有一天，具有人文思想的人多了，此种思想就以文化运动的方式喷发，打压已经无济于事，于是产生了西方的文化启蒙运动，于是被久压抑的思想成了主义。人文主义是文化启蒙运动的核心成果，而人文主义的核心是人道主义。舍此核心，必然沙化。

在最初，人道主义仅仅强烈主张人类社会要以重视人类生死为第一要务，并且强调人与人生而平等，自由是每一个人类个体最主要的社会权。在后一点上，中国和别国存在意识差别。我们中国人认为，生存权才是第一位的。倘若生存都成了问题，遑论自由。而别国的文化启蒙运动，乃是由中产阶级、新兴资产阶级和贵族中追求进步思想的青年们共同发动的，他们的生存本不成问题，他们最恼火的是贵族制度、贵族特权以及各种教规对他们的人性束缚，所以"平等自由"成了最强烈的口号。所以我们也应该理解人家，那也是历史原因形成的，那也是另一部分人类用鲜血和牺牲换来的文化成果。

现在生存不再是大多数人类的困扰，平等与自由则逐渐成为共识。在中国也将如此，2020年，普遍的中国人口将脱贫，随着中国的富强，更多的人将享受到更普惠的社会福利。一个心中毫无善念的人，他求平等，肯定所获大打折扣。他所获得的自由，会使别人无安全感，甚至危害他人。在我们的社会主义核心价值观中，也包括了自由、平等、博爱，只不过博爱表达为友善，而在宣传画中，友善被突出为一个大大的"善"字。人道主义这一核心价值观，在当代大多数国家，已经像孙悟空从身上拔下的毛，一吹就变成千千万万的孙行者，无处不在。人类对好社会的向往就如那一口气，并且在以文化的方式继续吹。特殊情况下体现为人道主义立场；寻常的时候，体现为人性化的主张。谁如果说人文主义、人道主义与我何关，那是不对的，也是不符合事实的。因为我们每个人每天至少有一次感受到了自己是否被人性化对待的问题，并且我们也越来越在乎这一点。

第二，关于人文教育。一个国家的文明、科学与进步，与该国人口普遍之素质的高低成正比，否认这一逻辑的人估计很少。素质高低必然反映精神状态，而精神状态必然与思想意识有关。当我们认为一个人是有思想的人，所指其实正是一个当代人所应具有的人文思想。除了人文思想，还能是指别的什么思想呢？于是一个问题产生了，若使十四亿多同胞中的绝大多数人以及下几代人成为具有人文思想的人，靠什么方式来潜移默化呢？

回顾历史，在西方，宗教在漫长的时期起到过作用，尽管宗教本身的历史也曾沾染过血污。中国古代哲学提到过类似宗教的作用，但主要面对的是士人、学子，远不及宗教影响广泛。在中国可以肯定，没有哪一种宗教目前能担起如此重任。

实际上，党的宣传部门在这方面历来做了大量工作，如评选各省市的全国道德标兵，我本人还是2002—2006年的全国师德标兵，我自己还参加过中宣部组织的全国道德标兵的评选活动，做过评委。政府在这方面还是做了很多事的。由党宣部门和动辄几十万、几百万公众自动参与投票选出的道德标兵，其感人事迹肯定是符合传统或当代的人文原则的。

二十几年前，一名中学女生在征文中写下过这样一句话："每个人都有心脏，却不是所有人都有心灵。"当年我看到了这篇征文，记住了二十几年，她指的是美好的心灵，有美好的心灵才有健全人格。

美好的心灵是怎样产生的呢？我也记住了这样一句话，"在薄情的世界，深情地活着"，我为这句话感动。"深情地活着"的"深情"可能与爱情有关，但不仅仅限于爱情。今日之中国是不是最糟糕的中国呢？我的回答：不是。今日之中国肯定是中国历史上最好的一个时期，即使存在着这样或那样的问题。今日之世界是不是人类历史上最糟糕的世界呢？肯定也不是，我们回顾历史，从前的世界才叫糟糕。

在从前的那个糟糕的世界，曾经有人深情而坚忍地守望着人类的那些信仰，因为有了他们，中国和世界才进步到如今的状态。所以我们也要深情地活着，深情地尽好我们教育工作者的本分。不能仅仅靠党的宣传，也要依靠父母的好影响。遗憾的是，许多父母极其重视子女的心脏问题，却很少同样重视子女的心灵问题。而且更遗憾的是，某些父母的心灵本身就问题很大，且不自知。在这样父母负能量影响下，孩子的心灵发育，自幼便是堪忧的。

人文文化一旦到了像我这样的文化知识分子这儿，往往就成了学问。而一个急需要人文文化影响的人口众多的国家，它的人文文化总是被搞成不接地气的学问，那就与最广大的民众关系不密切了。孔子对此点是相当清醒的，他经常说一语中的的大白话，能做到孔子那样的当代文化知识分子是不多的。靠文艺怎么样呢？文艺才更容易使广大民众接受文化的好影响，好文化需要此种功能的转化。

比如说，"勿以善小而不为"，这只不过是一句话，你要背上十遍几十遍，才能对你的心灵有实际的影响。而如下一则小故事，只要听过、记住了，可能就影响我们。那则故事讲的是，在海滩上潮以后，有一个少年拎起一条搁浅的小鱼扔回海里，又拎起一条扔回海里。大人说那没有意义，下次涨潮还会有这种情况。而孩子说，对于这条小鱼的意义很大，对于这只螃蟹的意义也很大。他不断重复着他所做的事。这故事对于"勿以善小而不为"的转化影响力，就是文艺本身的功能。由于我们对于小鱼、小螃蟹都能做到这一点，我们就开始不遗余力关心和营救那些搁浅的鲨鱼、海豚、海龟，我们才有了动物保护意识。但问题又来了，有文化使命感的作者老了或更老，新生代作家更愿意与市场相结合。当然，我们与会的有一位儿童文学女作家，她给我的书依然充满着人文的关怀。

我来之前看了一部电视剧，一个小学四五年级的女孩子对她的妈妈说："别人都有手机了，就我没有。"她的妈妈说了如下的话："你不要认为拥有了价格昂贵的东西，便能够使你很容易融入你所希望的那个群体。"我们有多少家长当自己的孩子向自己要手机的时候能说出这样的话呢？甚至我们受过大学教育以上的家长，说出的可能都是另外的话。

有一点给我影响很深。我经历了两件事，在两个家庭。一次是在中国家庭，女儿在电脑上看电影《战马》，母亲催她快去写作业，她说："这个电影我没看过，这里的人都那么好。"妈妈说："那是编的。"

我到一个美国朋友的公寓，我们外文局聘请的专家的家里，她的女儿也在看我们中国的电视剧，看我们的那些宫斗剧。她问："妈妈，为什么这里的人都那么坏，都那么狡诈？"她妈妈说："在我们国家不是那样。"

问题在于，我记得有一次在凤凰台的一个节目中，我们的一位也算是还有些名气的女作家,在谈到这样的一些电视剧的时候,她说了如下的话:"'我是把它当作成功学来看的。'什么成功学呢?不就是皇宫里的几个小女子为了争宠于一个老男人互斗不止吗?那些台词动不动就是这样的话:'皇上,你怎么不爱我了,又去爱她了?我要杀了她。'而这成为我们收视率最高的剧。"

综上所述,人文与教育即与校园与课堂的结合,意味着要从小抓起。这是否会显得教育太一厢情愿了呢?据我所知,世界上大多数国家重视人文教育的程度,其实比中国还久,比中国还持之以恒。所以我们不必觉得太一厢情愿了,更不必有什么不好意思。

第三,关于学校对人文教育的反映。据我所知,大多数中小学教师对人文教育的理念是接受的,但不知道具体该怎么做。上午几位教授都谈到了具体的做法,严教授讲过了,万教授也讲过了,杨教授还讲过了。那些方法都很好,也有的老师认为,教好语文课本身就是实践了人文教育,这也有道理。初高中语文课本我没有看过,但我认真地看过小学四五年级的语文课本,我觉得内容上,人文元素还是相当饱满的。

人文教育主要体现于语文、历史、地理,推广者的方法往往是开书单。对于开书单这件事我很矛盾,因为各行各业的人士都给孩子开书单。但是我对我们新教育开的书单还是有一些认可的,因为和教育部开的书单有区别,两相比较,新教育开的书单内容更丰富一些。有的学校要求小学四五年级的孩子们读《三国演义》《水浒传》《红楼梦》,而且要读原著。我小学四五年级也是先看连环画,那是压缩本。尤其是读《水浒传》,让女孩子们怎么去读呢?武松杀嫂,手段极其残忍,剖腹剜心。李逵杀敌人也很残忍,李逵还把史文恭给活吃了[1]。这让我们的孩子们怎么看呢?某些原著只强调了读而不讨论,我个人觉得不是很负责任的一种要求。

我认为我们在教学方法上还有探索的空间。我的一篇课文曾被新乡一所小学的师生演成小品,我看过,效果远胜语文课。我在给小学四五年级学生讲课的时候,我说我们把古诗用电影语言分镜头怎么样?孩子们很高

---

[1] 应是李鬼或黄文炳。

兴。"八月秋高风怒号"是远景,"卷我屋上三重茅"是近景。只有中国的唐诗中才有这么丰富的电影语言。比如说"两个黄鹂鸣翠柳"这是中景,"一行白鹭上青天"极有动感。我们如果把课文都这样进行解读的话,至少在兴趣上,能给孩子们一种代入感。

教学方法的创新也是人文教育的重要一环。

一种情况值得关注,一名学龄前的儿童,受的主要是父母和幼儿园教师的双方面影响,如果有一方面的影响是不良的,那么另一方面的良好影响会被抵消。人文教育非只是老师单方面的事,家庭方面,尤其是父母,也应担负起同等重要的责任。这在我们的新教育观念中提出来了,外面的展板上写到了关于学校教育和家庭教育的互动。小学生成为初中生、高中生,与社会的接触面大了,其价值观之形成,每每表现为学校、家庭、社会三方面的争夺。如果家庭影响是良好的,那么可以成为学校老师"同一战壕"的"战友"。反之,家庭影响不好的,会使学校和老师在这种争夺中处于弱势。尤其是在我们的社会现象如此复杂,大家都有手机,手机上那些五花八门的事件新闻也很多的情况下,在应试教育的大背景下,单凭我们的学校、凭我们老师的初心,是多么地值得同情。

人文教育是使学校和老师在价值观影响方面不至于一败涂地的选择,也是对应试为王的一种必然反应。

最后我想说的是,倡导和实践推行人文教育的新教育,不可能是立竿见影的。对于中国,三十年以后见到些成果就不错了。目前取得的一切成果,也要经受社会的检验。标准也只有一个,三十年后,看中国具有人文素质的人口多了还是少了。多了,证明我们今天所做无怨无悔,值得我们自己欣慰。如果并没增多,那也不证明我们做的没有意义,只能说我们还是太弱势了,社会太强大了。

一个真相是,大学是很难完成这个使命的。所以,小学、初中、高中老师对未来之中国人文素质的人口是否会多一些,责任其实比大学更重要。

但谁也不是上帝,谁也不是人文教皇,完全不必自寻烦恼。我们只需从容去做,中国的教育弊端必将会克服。

我还想最后谈一下怎样看待我们中国当下教育。前几天教育部颁发了关于教育的若干项规定之后，我个人觉得德智体美再加上劳动，这其中德智体是蔡元培先生提出来的[1]。现在教育的"五字方针"应该是比较全面的，我认为我们人文教育的理念和教育部的"五字方针"是一致的。关键在于，当它体现在学校、体现在课堂里是怎样的。我的感觉是，体现在学校和课堂里，那个反弹往往也是很强大的。首先是家长们认为，学校老师别跟我说别的，我儿子的分数提高了没有，我儿子想考上的大学考上了没有，如果这点没达到，你说的那些都见鬼去。在这种情况下，我们的老师又受着评比分数、评比升学率的检验，有时也是勉为其难。

我记得我认识一位经济次发达省份的教育官员，他在大会上做完了关于素质教育的报告之后，那个报告是他必须要做的，回到会客室跟我谈，他说我刚才说的是我作为官员必须要说的，我是爱我们最底层民众的，我是爱他们的孩子的，在具体的做法上，我告诉学校别管那些，让我们最底层的孩子们考上大学，不考上大学，其他都不用说，他们的命运怎么改？

好像上午有老师谈到过，中国的资源是那么地有限，人口是那么地多。我们一次录取大学生的人数差不多是世界上一些小国家的总人口，矛盾会很长时间存在着（这种情况将长期存在）。

我们一边推进新教育、人文教育，而在学校、课堂里一边不断遇到反弹，这种矛盾，二三十年之后估计还会发生。当然还有就是抵制教育腐败。

我所知道的情况是，我的一名研究生，他借调到纪委部门，然后在北京的一所艺术高校，很著名的艺术高校来办案子。当他对我讲到那些事的时候，我是目瞪口呆，气得在家里来回走动，拍案而起。所以我们还有一个责任，反对教育腐败。

---

[1] "德智体"在中国近代教育史上最早是由严复提出的，蔡元培的"德智体美"则也是对"德智体"的进一步发展与完善。

崇尚"曲晦"乃全社会的变态

一个国家封建历史漫长,必定拖住它向资本主义转型的后腿。比之于封建时期,资本主义当然是进步的。封建主义拖住向资本主义转型的后腿,也当然就是拖住一个国家进步的后腿。我们说中国历史悠久,其实也是在说中国的封建时期漫长。

不论对于全人类,还是对于一个国家,几千年封建社会的发展成就,怎么也抵不上资本主义社会短短一两百年的发展成就。在政治、经济、科技方面都是这样,唯在文化方面有些例外。封建历史时期,农业社会之形态,文化不可能形成产业链条,不可能带来巨大商业利益,不可能出现文化产业帝国以及文化经营寡头式的人物,故比之于资本主义及之后的文化,封建主义时期的文化反而显得从容、纯粹,情怀含量多于功利元素,艺术水准高于技术水准。

封建历史越久,封建体制对社会发展的控制力越强大。此种强大的控制力是一种强大的惰性力,不但企图拖住历史的发展,也必然异化了封建时期的文化。

而被异化了的文化的特征之一,便是"不逾矩",不逾封建主义之"矩"。但文化的本质是自由的,它是不甘于被限制的。在限制手段严厉乃至严酷的情况下,它便不得不以"曲晦"的面孔来证明自身非同一般的存在价值,这也是全人类封建时期的文化共性。

翻开世界文化史一瞥,在每一个国家的封建时期,文化无不表现出以上两种特征——"不逾矩"与"曲晦"。越禁止文化"逾矩",文化的某种面孔越"曲晦"。中国封建历史时期的文化面孔,这种"曲晦"的现象尤其明显。

"曲晦"就是不直接表达,就是正话反说,反话正说。以此种方式间接表达,暗讽之意味遂属必然。"文字狱"就是专门"法办"此种文化现象及文人的,有些古代文人也正是因此而被砍头甚至株连九族的,其中不乏冤案。

于是,在中国,关于诗、歌、文、戏之文化的要义,有一条便是"曲晦"之经验。仿佛不"曲晦"即不深刻,就是不文化。唯"曲晦",才有深刻可言,才算得上文化。

《狂人日记》是"曲晦"的,所以被认为深刻、文化。《阿Q正传》中关于阿Q之精神胜利法的描写,讽锋也是"曲晦"的,当然也是深刻的、文化的。

确实深刻,确实文化。

但是若在人类已迈入21世纪的当下,一国的文化理念一如既往地崇尚"曲晦",则其文化现象便很耐人寻味了。

而中国目前依然是这样。

在大学里,在中文课堂上,文学之作品的"曲晦"片段,几乎无一例外地成为重点分析和欣赏的内容。若教师忽视了,简直会被怀疑为人师的资格。若学子不能共鸣之,又简直证明朽木不可雕也。

"曲晦"差不多又可言为"曲笔"。倘"曲笔"甚"曲",表意绕来绕去,于是令人寻思来寻思去,颇费猜心方能明白,或终究还是没明白,甚或满拧。

《春秋》《史记》皆不乏"曲笔"。但古人修史,不计正野,皇家的鹰犬都在盯视,腐败无能岂敢直截了当地记载和评论?故"曲笔"是策略,完全应该理解。

可以直截了当地表达,却偏要"曲晦",这属文风的个性化,也可以叫追求。

不能够直截了当地表达,但也还是要表达,不表达如鲠在喉,块垒堵胸,那么只有"曲晦",是谓无奈。

今日之中国,对某些人、事、现象,其实是可以直截了当旗帜鲜明地表明立场的。全部是奢望,"某些"却已是权利,起码是网上权利。

我虽从不上网,却也每能间接地感受到网上言论的品质和成色。据我所知，网上"曲晦"渐多。先是，"曲晦"乍现，博得一片喝彩，于是"顶"者众，传播迅而广。"曲晦"大受追捧，于是又引发效尤，催生一茬茬的"曲晦"高手，蔚然成风。没必要"曲晦"或并不值得，都来热衷于那"曲晦"的高妙。一味热衷，自然便由"曲晦"而延伸出幽默。幽默倘不泛滥，且"黑"，乃是我所欣赏，并起敬意的。但一般的幽默，其实往往流于俏皮。语言的俏皮，也是足以享受的。如四川连降暴雨，成都处处积水，有微博曰："白娘子，许仙真的不在成都啊！"——便俏皮得很，令人忍俊不禁。

然俏皮甚多，便往往会流于油腔滑调，流于嘻哈。语言的嘻哈，也每是悦己悦人的，但有代价，便是态度和立场的郑重庄肃，大打折扣。

故我这个不上网的人，便有了一种忧虑——担心中国人在网上的表态，不久从方式到内容到风格，渐被嘻哈自我解构，流于娱乐；而态度和立场之声，被此泡沫所淹没，形同乌有了。

我们都知道的，一个人在表态时一味嘻哈，别人便往往不将他的表态当一回事。而自己嘻哈惯了，对别人不将自己的嘻哈式表态当成一回事，也会习惯于自己不怎么当成一回子事的。

日前听邱震海在凤凰台读报，调侃了几句后，话锋一转，遂正色曰："刚才是开玩笑，现在我要严肃地谈谈我对以下几件事的观点……"我认为，中国网民都要学学邱震海——有时郁闷至极，调侃、玩笑，往往也是某些事某些人只配获得的态度，而且是绅士态度。

但对另外一些事一些人，则需以极郑重极严肃之态度表达立场。这种时候，郑重和严肃是力量。既是每一个人的力量，也是集体的力量、自媒体的力量、大众话筒的力量。

语言还有另一种表态方式，即明白、确定、掷地有声、毫不"曲晦"的那一种表态方式。

网络自然有百般千种方便于人、服务于人、娱乐于人、满足于人的功用，但若偏偏没将提升我们中国人的公民权利意识和公民素质这一功用发挥好，据我看来，则便枉为"大众话筒""自媒体"了。

是谓中国人的遗憾。

也是中国的遗憾。

美是不可颠覆的

许多人认为,各个民族,在各个不同的历史阶段,或不同的时代,有不同的美的标准、美的观念以及美的追求。

这一点基本上被证明是正确的。

于是进而有许多人认为,时代肯定有改变美的标准的强大力度,因而同样具有改变人之审美观及对美的追求的力度。这一点却是不正确的,事实上时代没有这种力度。事实上像蜜蜂在近七千年间一直以营造标准的六边形为巢一样,人类的心灵自从产生了感受美的意识以来,美的事物在人类的观念中,几乎从未被改变过。

我的意思是——无论任何一个民族,无论它在任何历史阶段或任何时代,它都根本不会陷入这样的误区——将美的事物判断为不美的,甚至丑的;或反过来,将丑的事物,判断为不丑的,甚至美的。

是的,可以毫无疑义地说,人类根本就不曾犯过如此荒唐的错误。此结论之可靠,如同任何一只海龟出生以后,根本就没有犯过朝与海洋相反的方向爬过去的错误一样。

就总体而言,人类心灵感受美的事物的优良倾向,或曰上帝所赋予的宝贵的本能,又仿佛镜子反射光线的物质性能一样永恒地延续着。只要镜子确实是镜子,只要光线一旦照耀到它。

果真如此吗?

有人或许将举到《聊斋志异》中那篇著名的小说《罗刹海市》进行

辩论了。此篇的主人公马骥，商贾之子。"美丰姿，少倜傥，喜歌舞。"并且，"辄从梨园子弟，以锦帕缠头，美如好女，因复有'俊人'之号"。正是如此这般的一位"帅哥"，厌学而"从人浮海，为飓风引去，数昼夜至一都会"。于是便抵达了所谓的"罗刹岛国"。以马骥的眼看来，"其人皆奇丑"。而罗刹国人"见马至，以为妖，群哗而走"。

美和丑，在罗刹国内，标准确乎完全颠倒了。不但颠倒了，而且竟以颠倒了的美丑标准，划分人的社会等级。"其美之极者，为上卿；次，任民社；下焉者，以邀贵人宠，故得鼎烹以养妻子。"也就是说，第三等人，如能有幸获得权贵的役纳，还是可以混到一份差事的。至于马骥所见到的那些"奇丑"者，竟因个个丑得不够，被逐出社会，于是形成了一个贱民部落。

丑得不够便是"美"得不达标，有碍观瞻。那么，"美之极者"们又是怎样的容貌呢，以被当地人视为"妖"的马骥的眼看来，不过个个面目狰狞罢了。

我敢断定，在中国的乃至世界的文学史中，《罗刹海市》大约是唯一的一篇以美丑之颠倒为思想心得的小说。

便是这篇小说，也不但不是否定了我前边开篇立论的观点，而恰恰是补充了我的观点。

因为——被视为"妖"的马骥，一旦游戏之"以煤涂面"，竟也顿时"美"了起来，遂被引荐于大臣，引荐于宰相，引荐于王的宝殿前。而当"马即起舞，亦效白锦缠头，作靡靡之音"时——"王大悦"。不但大悦，且"即日拜下大夫。时与私宴，恩宠殊异"。以至于引起官僚们的忌妒，以至于自心忐忑不安，以至于明智地"上疏乞休致"。而王"不许"。"又告休沐，乃给三月假。"

分析一下王的心理，是非常有趣的。以被贱民们视为"妖"的马骥的容貌，社会等级该在贱民们之下。怎么仅仅以煤涂面，便"时与私宴，恩宠殊异"了呢？想必在王的眼里，美丑是另有标准的吧？

王是否也牛头马面呢？小说中只字未提，或许是。那么在他的国里，以丑为美，以牛头马面、王官狰狞的为极美，自是理所当然的了。或者意非牛头马面，甚至不丑。那么可以猜测，在他的国里，美丑标准的颠倒，也许是出于统治的需要。是对他那一帮个个牛头马面的公卿大臣的权威妥协也未可知。

但无论怎样的原因，在王的国里，美丑是一种被颠倒的标准；在王的眼里心里，美丑的标准未必不是正常的。他只不过装糊涂罢了。

否则，为什么他那么喜赏马骥之歌舞呢？为什么会情不自禁地赞曰"异哉！声如凤鸣龙啸，得未曾闻"[1]呢？

王的"大悦"，盖因此耳！

结论：美可能在某一地方、某一时期、某一情况之下被局部地歪曲，但根本不可能被彻底否定。

如马骥，煤可黑其面，但其歌之美犹可征服王！

结论：美可在社会舆论的导向之下遭排斥，但它在人心里的尺度根本不可能被彻底颠覆。

如王，上殿可视一帮牛头马面而司空见惯，回宫可听恢诡噪耳之音而习以为常，但只要一闻马骥的曼妙清唱，神不能不为之爽，心不能不为之畅，感观不能不达到享受的美境。

有人或许还会举到非洲土著部落的人们以对比强烈的色彩涂面为"美"；以圈圈银环箍颈乃至于颈长足尺为美，来指证美的客观标准的不可靠，以及美的主观标准的何等易变，何等荒唐，何等匪夷所思……

其实这一直是相当严重的误解。

在某些土著部落中，女性一般是不涂面的，少女尤其不涂面。被认为尚未成年的少年一般也不涂面，几乎一向只有成年男人才涂面。而又几乎一向是在即将投入战斗的前夕。少年一旦开始涂面，他就从此被视为战士了。成年人一旦开始涂面，则意味着他势必又出生入死一番的严峻时刻到了。涂面实非萌发于爱美之心，乃战事的讯号，乃战士的身份标志，乃肩负责任和义务决一死战的意志的传达。当然，在举行特殊的庆典时，女性甚至包括少女，往往也和男性们一样涂面狂欢。但那也与爱美之心无关，

---

[1] 此为罗刹国执戟郎听完马骥"击桌为度一曲"所称赞的话。

仅反映对某种仪式的虔诚。正如文明社会的男女在参加丧礼时佩戴黑纱和白花不是为了美观一样。至于以银环箍颈，实乃炫耀财富的方式。对于男人，女人是财富的理想载体，亘古如兹。颈长足尺，导致病态畸形，实乃炫耀的代价，而非追求美的结果。或者说主要不是由于追求美的结果。这与文明社会里的当代女子割双眼皮而不幸眼睑发炎落疤，隆胸丰乳而不幸硅中毒是不能同日而语的。

但中国历史上女子们的被迫缠足却是应该另当别论的。这的的确确是与美的话题相关的病态社会现象。严格说来，我觉得，这甚至应该被认为是桩极其重大的历史事件。此事件一经发生，其对中国女子美与不美的恶劣的负面影响，历时五代七八百年之久。以至于新中国成立以后，我这个年龄的中国人，还每每看见过小脚女人。

近当代的政治思想家们、社会学家们、民俗学家们，皆以他们的学者身份义愤、疾恶如仇地对缠足现象进行过批判。

却很少听到或读到美学家们就此病态社会现象的深刻言论。

而我认为，这的确也是一个美学现象。的确也是一个中国美学思想史中应该予以评说的既严重又恶劣的事件。此事件所包含的涉及中国人审美意识和态度的内容是极其丰富的。比如历史上中国男人对女人的审美意识和态度，女人们在这一点上对自身的审美意识和态度，一个缠足的大家闺秀与一个"天足"的农妇在此一点上意识和态度的区别，以及为什么？以及是她们的丈夫、父亲们的男人的意识和态度，以及是她们的母亲的女人的意识和态度，以及她们在嫁前相互比"美"莲足时的意识和心态，以及她们在婚后其实并不情愿被丈夫发现毫无"包装"的赤裸的蹄形小脚的畸怪真相的意识和心态，以及她们垂暮老矣之时，因畸足越来越行动不便情况之下的意识和心态……凡此种种，我认为，无不与男人对女人，女人对自身的审美意识和心态发生粘连紧密而又杂乱的思想关系、观念关系、畸形的性炫耀与畸形的性窥秘关系……

但是，让我们且住。这一切我们先都不要去管它。

让我们还是来回到我们思想的问题上，即一双女人的被摧残得筋骨畸形的所谓"莲足"，真的比一双女人的"天足"美吗？

无论男人还是女人，如果自身对美的感觉不发生错乱，回答显然会是否定的。

可怎么在中国这个文明古国，在占世界人口几分之一的人类成员中，在近千年的漫长历史中，集体地一直沉湎于对女性的美的错乱感觉呢？以至于到了清朝，梁启超及按察史黄遵宪曾联名在任职的当地发布公告劝止而不能止；以至于太平军克城踞县之后，罚劳役企图禁绝陋习而不能禁；以至于慈禧老太太从对江山社稷的忧患出发，下达懿旨劝禁也不能立竿见影；以至于身为直隶总督的袁世凯亲作"劝不缠足文"更是无济于事；以至于到了民国时期，则竟要靠罚款的方式来扼制蔓延了——而得银日八九十万两，年三万万两。足见在中国人的头脑中——钱是可以被罚的，女人的脚却是不能不缠的。"毒螫千年，波靡四域，肢体因而脆弱，民气以之凋残，几使天下有识者伤心，贻后世无穷之唾骂。"

这样的布告词，实不可不谓振聋发聩、痛心疾首。然无几个中国男人听得入耳，也无几个中国女人响应号召。爱捧小脚的中国男人依然故我。小脚的中国女人们依然感觉良好，并打定主意要把此种病态的良好感觉"传"给女儿们……

中国人倘曾以这样的狂热爱科学，争平等，促民主，那多好啊！不是说美的标准肯定是客观的而非主观的吗？不是说任何民族，在任何一个时代和任何一种情况之下，都根本不可能颠覆它吗？那中国近千年的缠足现象又该做何解释呢？首先，历史告诉我们——这现象始于帝王。皇上的个人喜好，哪怕是舐痂之癖，一旦由隐私而公开，则似乎便顿时具有了趣味的高贵性、意识的光荣性、等级的权威性。于是皇亲国戚们纷纷效仿，于是公卿大臣们趋之若鹜，于是巨商富贾紧步后尘，于是在整个权贵阶层蔚然成风……

在古代，权贵阶层的喜好，以及许多侧面的生活方式，一向是由很不怎么高贵的活载体播染向民间的。那就是——娼妓。先是名娼美妓才有资格。随即这种资格将被普遍的娼妓所瓜分。无论在古代的中国，还是在古埃及、古希腊、古罗马，规律大抵如此。

娼妓的喜好首先醺醉的必将是一部分称之为文人的男人。这也几乎是一条世界性的规律。在古代，全世界的一部分称之为文人的男人，往往皆是青楼常客，花街浪子。于是，由于他们的介入，由于他们也喜好起来，社会陋俗的现象，便必然地"文化"化了。

陋俗一旦"文化"化，力量就强大无比了。庶民百姓，或逆反权贵，或抵抗严律，但是在"文化"面前，往往只有举手乖乖投降的份儿。

康熙时代一人之下，万人之上，权倾朝野的鳌拜便是"金莲"崇拜者；乾隆皇帝本身即是；巨商胡雪岩也是；大诗人苏东坡是；才子唐伯虎是；作"不缠足文"的袁世凯阳奉阴违背地里更是……

《西厢记》中赞美"金莲"；《聊斋》中的赞美也不逊色；诗中"莲"、词中"莲"、美文中"莲"，乃至民歌童谣中亦"莲"；唱中"莲"、画中"莲"、书中"莲"，乃至字谜中"莲"、酒令中也"莲"……

更有甚者，南方北方，此地彼域，争相举办"赛莲"盛会——有权的以令倡导，有钱的出资赞助，公子王孙前往逐色，达官贵人光临览美，才子"采风"，文人作赋……

连农夫娶妻也要先知道女人脚大脚小，连儿童的憧憬中，也流露出对小脚美女的爱慕，连乡间也流传《十恨大脚歌》，连帝都也时可听到嘲讽"大脚女"的童谣……

在如此强大、如此全方位，"地毯式"的文化进击、文化轰炸，或曰文化"妙作"之下，何人对女性正常的审美意识和心态，又能定力极强，始终不变呢？何人又能自信，非是自己不正常，而是别人都变态了呢？即使被人认为主见甚深的李鸿章，也每因自己的母亲是"天足"老太而讳若隐私，更何况一般小民了……

结论：某一恶劣现象，可能在相当漫长的历史时期内畅行无阻，世代袭传，成为鄙陋遗风，迷乱人们心灵中的审美尺度，但只能部分地扭曲之，而绝对不可能整体地颠覆之。正如缠足的习俗虽可在漫长的历史时期内将女人的脚改变为"莲"，却不可能以同样的方式扭曲任何一个具体的女人的身躯，而依然夸张地予以赞美。并且，迷乱人们心灵中的审美尺度的条件，一向总是伴随着王权（或礼教势力、宗法势力）的支持和怂恿，伴随着颓废文化的推波助澜，伴随着富贵阶层糜烂的趣味，伴随着普遍民众的愚昧。还要给被扭曲的审美对象以一定的意识损失以补偿——比如相对于女人被摧残的双足而言，鼓励刻意心思，盛饰纤足，一袜一履，穷工极丽。尤以豪门女子、青楼女子、礼教世家女子为甚。用今天的说法，就是以外"包装"的精致，掩饰畸形的怪异真相。还要给被扭曲的审美对象以一定的精神满足，而这一点通常是最善于推波助澜的颓废文化胜任愉快的。

有了以上诸条件，鄙陋习俗对人们心灵中审美尺度的扭曲，便往往大功告成。

但，这种扭曲，永远只能是部分的侵害。

世间一切美的事物，都具有极易受到侵害的一面，但也同时具有不可能被总体颠覆形象的基本素质。

比如戴安娜，媒介去年将她捧高得如爱心女神，今年又贬她为"不过一个毁誉参半的、行为不检点的女人"。但，无法使她是一个有魅力的女人这一点受到彻底颠覆。

某些事物本身原本就是美的，那么无论怎样的习俗都不能使它们显得不美。正如无论怎样的习俗，都不能使尖头肿颈者在大多数世人眼里看来是美的。

美女绝非某一个男子眼里的美女。通常她必然几乎是一切男子眼里的美女。他人的贬评不能使她不美。但她自身的内在缺陷——比如嫉妒、虚荣、无知、贪婪，却足以使她外在的、人人公认的客观美点大打折扣。

美景绝非某一个世人眼里的美景，通常它必然几乎是一切世人眼里的美景。

丑的也是。

视觉永远是敏感的、真实可靠的，是比审美的观点、审美的思想更难以欺骗的。

美的不同种类是无穷尽的。

丑的也将继续繁衍丑的现象，永远不会从地球上消亡干净。

但我们人类的视觉永远不会将它们混淆，因为它们各有天生不可能被混淆的客观性。

这客观性是我们人类的心灵与造物之间可能达成的一致性的前提和保证。

正是在这一前提和保证之下，对于古希腊人、古埃及人是美的那些雕塑，是雄伟的那些建筑，对于今天的我们依然是美的。正是在这一前提和保证之下，我们所处的这个时代一切美的事物，假设能够通过"时间隧道"移至我们的远古祖先们面前，大约也必引起他们对于美的赏悦和好奇。正如几乎一切古代的工艺品，今天引起我们的赏悦和好奇一样……

美是大地脸庞上的笑靥。因此需要有眼睛，以便看到它；需要有情绪，以便感觉到它。

我们只能怀着虔诚感激造物赐我们以眼睛和心灵。以为自己便是这世界的中心便是上帝，以为我不存在一切的美亦消亡，以为世上原本没有客观的美丑之分，美丑盖由一己的好恶来界定——这种想法不但是狂妄自大的，也是可笑至极的。

我知道关于美究竟是客观的还是主观的这一哲学与美学之争至今可追溯到千年以前，但我坚定不移地接受前者的观点，相信美首先是客观的存在。

据我想来，道理是那么简单——有许多美好的事物我没观赏到过，许多人都没观赏到过，但另外许多人可能正观赏着，可能正被那一种美感动着。

在我死掉以后，这世界上美的事物将依然美着。

时代和历史的演进改变着许多事物的性质，包括思想和观念。

但似乎唯有美的性质是不会改变的，改变的只是它的形式。它的性质不但是客观的，而且是永恒的。它的形式只能被摧毁，它的性质不能被颠覆。

正如一只美的瓶破碎了，我们必惋惜地指着说："它曾是一只多美的瓶啊！"

倘某一天人类消亡了——一只鸟儿在某一早晨睁开它的睡眼，阳光明媚，风微露莹，空气清新，花儿姹紫嫣红，草树深绿浅绿，那么它一定会开始悦耳地鸣叫吧？

它是否是在因自然的美而歌唱呢？

它望见草地上一只小鹿在活泼奔跃——那小鹿是否也是在因自然的美而愉快呢？

灵豚逐浪，巨鲸拍涛——谁敢断言它们那一时刻的激动，不是因为感受到了那一时刻大海的壮美呢？

美是不可颠覆的。

七千年后的蜜蜂仍在营造着七千年前那么标准的六边形。七千年前那些美的标准和尺度，剔除病态的、迷乱的部分——几乎仍在我们今天的生活中是标准和尺度……

论"苦行文化"之流弊

理念好比粘在树叶上的蝶的蛹——要么生出美丽,要么变出毛虫。

不知从什么时候开始,从报刊上繁衍着一种荒唐又荒谬的文化意识,我把它叫作"苦行文化"的意识。

其特征是——宣扬文化人及一切文艺家人生苦难的价值,并装出很虔诚很动情的样子,推行对那一种苦难的崇拜与顶礼。

曹雪芹一生只写了一部《红楼梦》,而且后来几乎是在贫病交加、终日以冻高粱米饭团充饥的情况之下完成传世名作的。

在我看来,这是很值得同情的。我一向确信,倘雪芹的命运好一些,比如有条件讲究一点饮食营养的话,那么他也许会多活十年。那么也许除了《红楼梦》,他还将为后世再多留下些文化遗产……

有些人可不是这么看问题。他们似乎认为——贫病交加和冻高粱米饭团构成的人生,肯定与世界名著之间有着某种意义重大的、必然的联系。似乎,非此等人生,便断难有经典之作……

仿佛,曹雪芹的命,既祭了文学,那苦难就不但不必同情,简直还神圣得很了。

对于凡·高,他们也是这么看的。

还有八大山人……

还有瞎子阿炳……

还有古今中外许许多多命运悲惨凄苦的文化人和文艺家……

仿佛，中国文化和文艺的遗憾，甚至唯一的遗憾仅仅在于——中国再也不产生以自己的命祭文化和艺术，并且虽苦难犹觉荣幸之至犹觉神圣之至的人物了！

这真是一种冷酷得近乎可怕的理念，也无疑是一种病态的逻辑意识。好比这样的情形——风雪之日，一名工匠缩在别人的洞里一边咯血一边创作，足旁行乞的破碗且是空的，而他们看见了却眉飞色舞地赞曰："好动人哟！好伟大哟！伟大的艺术从来都是这么产生的！"要是有谁生了恻隐之心欲开门纳之，暖以衣袍，待以茶饭，我想象，他们可能还会赶紧地大加阻止，斥曰："嘟！这是干什么？尔等打算破坏真艺术的产生吗?!"

如果谁周围有这样的人士，那么请观察他们吧！于是将会发现，其实他们的言论和他们自己的人生哲学是根本相反的——他们不但绝不肯为了什么文化和文艺去蹈任何的小苦难，而且，连一丁点儿小委屈、小丧失都是不肯承受的。

但他们却总是企图不遗余力地向世人证明他们的文化理念的纯洁和至高无上。证明的方式几乎永远是礼赞别的文化人和艺术家的苦难。似乎通过这一种礼赞，宣言了他们自己正实践着的一种文化和艺术的境界。而我们当然已经看透，这是他们赖以存在，并且力争存在得很滋润很优越的招数。我想，文化人和艺术家自身命运的苦难，与成就伟大的文化和伟大的艺术之间的关系，虽然有时是直接的，但并非逻辑上必然的。鲁迅先生曾说过——"文章憎命达"。当然这话也未必始于鲁迅之口，而是引用了前人的话。

这是有一定道理的。如果一个人生来有福过着王公般的生活，那么创作的冲动和刻苦，就将被富贵的日子溶解了。例外是有的，但是大抵如此。

鲁迅先生在一篇小品文中也传达过这样的观点——倘人生过于不济，天才便会被苦难毁灭。不要说什么大苦大难了，就是要写好一篇短文，一般人毕竟尚需一二小时的安静。倘谁一边在写着，一边耳闻床上的孩子饥啼，老婆一边不停地让他抬脚，并一棵接一棵往他的写字桌下码白菜，那么他的短文是什么货色可想而知……

全世界一切与苦难有关的优秀的文学和艺术,优秀之点首先不在产生于苦难,而在忠实地记录了时代的苦难。纳粹集中营里根本不会产生任何文学和艺术,尽管那苦难是登峰造极的。记录只能是后来的事。"文革"十年,中国之文学和艺术几乎一片空白,不是由于当年的文学家和艺术家都幸福得不愿创作了,而是恰恰相反。这么一想,真是心疼曹雪芹,心痛凡·高,心痛八大山人和瞎子阿炳们啊……在他们所处的时代,倘有文化人和艺术家的人生救济基金会存在的话,那多好啊!还有伟大的贝多芬,我们人类真是对不起这位千古不朽的大师啊!他晚年的命运竟那么凄惨,我们今人在富丽堂皇的场所无偿地演奏大师的乐章,无偿地将他的命运搬上银幕,无偿地将他的乐章制成音带和音碟,并且大赚其钱时,如果我们居然还连他的苦难也一并欣赏,我们当代人多么地不是玩意儿呢?!"苦行文化"的意识,是企图将文化和艺术用某种崇敬意识加以异化的意识。而这其实是比文化和艺术的商业化更有害的意识。

因为,后者只不过使文化和艺术泡沫化。成堆成堆的泡沫热热闹闹地涌现又破灭之后,总会多少留下些"实在之物";而前者,却企图规定文化人和艺术家的人生应该是怎样的,不应该是怎样的。并且误导世人,文化人和艺术家的苦难,似乎比他们留给世人的文化遗产和艺术经典更美!起码,同样的美……

不,不是这样的。文化人和艺术家的苦难,从来不是文化和艺术必须要求他们的,也和一切世人的苦难一样,首先是人类不幸的一部分。

我这么认为……

论大学精神

各位：

  我曾在《光明日报》发表过两篇文章，《论教育的诗性》在先，《论大学》在后。两篇文章都是我成为北京语言大学教师之后写的。关于大学精神的一点点思索，不管是多么浅薄，其实已经由两篇文章载毕。那么，今天听汇报的一点点看法，也就只能算是浅薄者的补充发言。浅薄者总是经常有补充发言的，这一种冲动使浅薄者或有摆脱浅薄的可能。

  我在决定调入大学之前，恰有几位朋友从大学里调出，他们善意地劝我要三思而行，并言——"晓声，万不可对大学持太过理想的幻感。"

  而我的回答是——我早已告别理想主义。《告别理想主义》，是我五十岁以后发表的一篇小文。曾以为，告别了理想主义，我一定会活得潇洒起来，却并没有。于是每想到雨果，想到托尔斯泰。雨果终其一生，一直是一位特别理想的人道主义者。《九三年》证明，晚年的雨果，尤其是一位理想的人道主义者。而托尔斯泰，也一生都是一位特别理想的平等主义者。我认为，无论对于自己的人生还是对于自己的国家还是对于全人类社会，泯灭了甚而完全丧失了理想，那么一种活法其实是并无什么快意的。我这么认为是有切身体会的。故我接着要说——我愿大学是使人对自己，对国家，对人类的社会形成理想的所在。无此前提，所谓大学精神无以附着。1917年1月9日，北大举行开学典礼，蔡元培先生发表著名的《就任北京大学校长之演说》；重读其演说，他对大学的理想主义情怀依然感人。

蔡先生在演说中对那时的北大学子寄予厚望，既希望北大学子砥砺德行，又希望北大学子改造社会。

他说："诸君为大学学生，地位甚高，肩此重任，责无旁贷，故诸君不惟思所以感己，更必有心励人……"

现在的情况与当年很不相同。

那时，蔡先生对大学的定义是"大学者，研究高深学问者也"。

若以本科生而论，恕我直言，包括北大学子在内，似乎应是——大学者，通过颁发毕业文凭，诚实地证明从业能力的所在而已。

故我对"大学精神"的第二种看法是——要建立在现实主义的基础上来说道。

连大学都不讲一点儿理想，那还能到哪儿去觅理想的踪影呢？倘若连点儿理想都不寄望着了，那不是很可悲吗？

如果连大学都回避现实问题种种，包括大学生就业难的问题在内，那么还到一个国家的哪儿去听关于现实的真声音呢？若大学学子渐渐地都只不过将大学视为逃避现实压力的避风港，那么大学与从前脚夫们风雪之夜投宿的大车店是没什么区别的了。

又要恪守理想，又要强调现实，岂非自相矛盾吗？

我的回答是——当今之大学，尤其是像中国这样一个人口众多，每年有数以百万计的大学学子跨出校园迈向社会的大学，其实是在为国家培养一批批思想意识上不普通，而又绝不以过普通的生活为耻的人。可现在的情况似乎恰恰反了过来，受过高等教育于是以过普通生活为耻的人很多，受过高等教育而思想意识与此前并未发生多大改变的人也很多。

如此说来，似乎是大学出了问题。

否。

我认为，一个家庭供读一名大学生，一个青年用人生最宝贵的四年乃至更长的时间就读于大学，尤其是像北大这样的大学——于是要求人生不普通一些，是完全可以理解的。社会成全他们的诉求，也是"以人为本"的体现。

在中国，普通人的生活之所以竟被视为沮丧的生活，乃是因为普通人的生活实在还是太过吃力的生活。要扭转这一点，对于一个国家而言也是很吃力的，绝非一日之功可毕。要扭转这一点，大学是有责任和使命的。然江河蒸发，而后云始布雨，间接而已。若仰仗大学提高GDP，肯定是错误的理念。大学若不能正面地、正确地解惑大学学子之尴尬，大学本身必亦面临尴尬。

然大学一向是能够解惑人类许多尴尬的地方。大学精神于是在此过程中逐渐形成。人类之登月渴望一向停留在梦想时期，是谓尴尬。梦想变为现实，是大学培养出来的人们的功劳，也是大学的功劳。大学精神于是树立焉，曰"科学探索精神"。人类一向祈求一种相互制衡的权力关系，历经挫折也是尴尬。后在某些国家以某种体制稳定了下来，也是大学培养出来的人们的功劳，也是大学的功劳，曰"政治思想力"。

十几年前，我随中国电影家代表团访日，主人们请我们去一小餐馆用餐，只五十几平方米的营业面积而已，主食面条而已。然四十岁左右的店主夫妇，气质良好，彬彬有礼且不卑不亢。经介绍，丈夫是早稻田大学历史学博士，妻子是东京大学文学硕士。他们跨出大学校门那一年，是日本高学历者就业难的一年。

我问他们开餐馆的感想，答曰："感激大学母校，使我们与日本许多开小餐馆的人不同。"问何以不同？笑未答。临辞，夫妇二人赠我等中国人他们所著的书，并言那只是他们出版的几种书中的一种。其书是研究日本民族精神演变的，可谓具有"高深学问"的价值。一所大学出了胡适，自然是大学之荣光。胡适有傅斯年那样的学生，自然是教师的荣光。但，若国运时艰，从大学跨出的学子竟能像那对日本夫妇一样的话，窃以为亦可欣慰了。当然，我这里主要指的是中文学子。比之于其他学科，中文能力最应是一种难以限制的能力。中文与大学精神的关系也最为密切。大学精神，说到底，文化精神耳。

最后，我借雨果的三句话表达我对大学精神的当下理解："平等的第一步是公正。""改革意识，是一种道德意识。""进步，才是人应该有的现象。"如斯，亦即我所言之思想意识上的不普通者也……

读书是一种抵抗寂寞的能力

都认为，寂寞是由于想做事而无事可做，想说话而无人与说，想改变自身所处的这一种境况而又改变不了。是的，以上基本就是寂寞的定义了。寂寞是人性的缓慢的破坏。寂寞相对于人的心灵，好比某些容易生锈的金属。某次和大学生们对话时被问："阅读的习惯对人究竟有什么好处？"我回答了几条，最后一条是——可以使人具有特别长期的抵抗寂寞的能力。他们笑。我看出他们皆不以为然。是啊，他们都那么年轻，大学又是成千上万的青年学子云集的地方，一间寝室住六名同学，寂寞沾不上他们的边啊！但我同时看出，其实他们中某些人内心深处别提有多寂寞。大学的寂寞包藏在许多学子追逐时尚和娱乐的现象之下。这是人在人群中的一种寂寞。这是另类的寂寞，现代的寂寞。如果这样的一个人，心灵中再连值得回忆一下的往事都没有，头脑中再连值得梳理一下的思想都没有，那么他或她的人性，很快就会从外表锈到中间。

我的父亲虽然只不过是一名普通的建筑工人，但在"文革"中，也遭到了流放式的对待。差不多有七八年的时间，他独自一人被发配到四川的深山里为工人食堂种菜。他一人开了一大片荒地，一年到头不停地种，不停地收。那段时间，他靠阅读来排遣寂寞。知识给予知识分子之最宝贵的能力是思想的能力。因为靠了思想的能力，无论被置于何种孤单的境地，人都不会丧失最后一个交谈伙伴，而那正是他自己。自己与自己交谈，哪怕仅仅做这一件在别人看来什么也没做的事，也足以让他抵抗很漫长很漫长的寂寞。而最强大的寂寞，还不是想做什么事而无事可做，想说话而无人与说，而是想回忆而没有什么值得回忆的，是想思想而早已丧失了思想的习惯。这时人就自己赶走了最后一个陪伴他的人，他一生最忠诚的朋友——他自己。谁都不要错误地认为孤独和寂寞这两件事永远不会找到自己头上。现代社会的真相告诫我们，那两件事迟早会袭击我们。人啊，为了使自己具有抵抗寂寞的能力，读书吧！一旦具备了这一种能力，某些正常情况下，孤独和寂寞还会被自己调节为享受着的时光呢！信不信，由你。

有文化，到底什么算有文化

根植于内心的修养

我们老家夸人有一句顶配的话：这个人真有修养！有修养，这是有文化的最基本的特质。斯文、文质彬彬、温文尔雅，这些词都是用来形容读书人的、有文化的人的。

因为古代人，基础教育，就是四书五经那些经典，这些书读完，对人格的塑造，和重功用而不重修身的纯粹知识性教育培养出来的人，完全不一样。

如果一个人读了很多书，上了很多年的学，却连怎么做人的起码礼貌修养都没有，那么只能说，人格不健全。

修养良好的本质，是一个人气是平和的。气和而有悦色，有悦色则有婉容。这就是修养背后的东西。气和，则神气舍心，笃定内敛。根本就不会想到去侵凌别人。

一个没有修养的人则相反，他的心不平，气也不和。气不和的人，不弄点儿事出来，不折腾折腾别人，就会浑身不舒坦。缺乏修养的人，整个人的气机不仅是混乱的，而且是向外扩张型的，偏盛之气扑到别人身上，就会给人一种侵凌之感，不舒服，这就是盛气凌人，粗野得令人生厌。

无须提醒的自觉

自觉是无须提醒的，是在任何时候都会恪守的行为准则。

有教养的人，等车知道排队，吃饭知道不浪费，别人输密码时会主动回避，自己闯了祸能尽力承担。一个人只有将心比心，设身处地地思虑，才会时刻注意自己的言行举止。

古人言："君子有三畏：畏天命，畏大人，畏圣人之言。小人不知天命而不畏也。"人生于世，无不处在各种各样的规则中，有的是明文规定，有的是约定俗成。

心中没有敬畏的人，做事没有底线，言行没有所止，看似无拘无束，却会给人留下飞扬跋扈的坏印象。而心存敬畏的人，行有所止。知道什么该做，什么不该做，因此才能走得远，走得稳。

以约束为前提的自由

西方文化说，"自由、平等"是天赋人权，可见"自由"之于人的重要性。

历史上，有多少人为了获得自由，甘愿抛洒生命："生命诚可贵，爱情价更高。若为自由故，二者皆可抛。"可见，"自由"之于人来说，有时比生命还要珍贵。

但是，这里的自由是一种相对自由，不是绝对自由，不是个人想怎么办就怎么办。一个人自由的前提是不得妨碍或伤害他人的自由，所以每个人的自由都该是有所约束的。

一个文化人，在享受自己的自由前，总是先约束好自己，只在可自由的空间里尽情自由。文化人的自由更多表现为一种心灵的自由，而不是行为的自由；心灵不为外物所羁绊，才能实现人生的真正自由。

为别人着想的善良

古道热肠,待人诚挚,颇有古君子之风,就是形容的这种人。

这不是思想品德教育出来的,也不是社会道德熏陶出来的,而是当一个人,气和神定,静笃内敛,文化到修养不自觉不自知地"驱使"他会表现出这样的对人对物对社会的关怀。

守护精神故乡

这几年波澜壮阔的历史画面中,有一个没有出场的人物,名字叫作"时代"。时代中的我们,最终融汇成集体叙事,每一个人都可以拥有自己的时代注脚,但却无法选择时代,挣脱不了时代赋予的限度。

回顾过去,我写《年轮》《知青》《人世间》等,其实就是反思时代宿命的延续。文学的使命从来都不曾改变,现实主义文学就应该坚持反映现实,通过文学表达使更多青年了解自己的国家,不仅仅是当下的繁荣强大,还包括遥远的曾经,看看我们一路走来经历了什么。

曾几何时,我有一种忧虑,看到了拜金主义对我们青年的影响,看到了放肆大胆的权钱交易。如果不把它说出来,我会觉得自己没有尽到责任。就像新近网络热词"凡尔赛文学",这种现象在西方也有,最典型的就是英国作家拜伦写的《唐璜》。唐璜是凡尔赛文学的代表人物,他把人世间所有的快乐都最大程度地享受一遍,最后否定了那样的人生,他觉得欲望横流、欲望得到全部满足的人生并无价值。

纵观历史,我们看到的是,人类文化历来是尽最大的力量,阻击拜金成为一种主义。但在现实生活中,这种阻击远远不够。有时浏览一下手机,好多都是谈美女、时尚、名媛、豪宅等,一些受年轻人追捧的影视作品也是如此。不得不说,这应该引起文学创作的高度重视。

文学艺术源于生活、高于生活,这是我们曾经形成的一种观念。但现在的中国,这种观念似乎在被生活本身所颠覆,生活所产生的情节、细节，远远超过最有虚构头脑的作家和戏剧家们的想象力。比如，《威尼斯商人》中有一个细节，犹太商人夏洛克用金钱去换取威尼斯商人安东尼奥身上的一磅肉，这与现实生活中有些人为了实现个人微不足道的利益，不惜危害别人，几乎原样再现。

古代历史上，很多官员为官清正，告老还乡时两袖清风。

我常常想，难道那个时候的制度比我们现在更加先进、更加周密吗？也许这里边有一个羞耻心的问题，对耻的畏惧心甚于畏死。现在更多的可能是只畏病、畏死，而不畏耻。尤其在权钱暗中交易的时候，有侥幸，觉得可能不被人知道，耻的观念意识比较淡薄。

一个时代有一个时代的文学，一代作品有一代作品的使命。守护精神故乡，是文学作品的不变使命，就是用文学展现人性在逆境中的亮光，保持不一样的时代特质，在浮夸与喧嚣中坚守理想和信仰，在浮躁的社会中获得属于自己的那份文化自信。文学有能力温暖这个世界，通过文学作品中的耻感文化，通过人在现实中"应该怎样"，用温暖来慰藉那些沮丧的、疲惫的、冷感的、迷惘的人心。实际上，精神故乡还包含另一个思想维度，它能够促使人们保持自省、自戒，洞察家国人生，直面社会现实。

像一树一树的花开

关于书,是没法儿用几句话概括的。然而最近我一想到书,便想到林徽因的诗:"你是一树一树的花开,是燕在梁间呢喃,——你是爱,是暖,是希望,你是人间的四月天!"

这么说,不是将另一类书排除在外——那类如投枪、如匕首、如号角、如战鼓的作品。不,我觉得那样的书也像"一树一树的花开",礼花般炽烫绚烂的"花"。

一切科学的书也像"一树一树的花开",没有哪一类书不像,任何一类专业的书也都像。并且我认为,这样想,是对所有贡献过专业之书的人们的赞誉。

而童书,确乎像"燕在梁间呢喃"。

也确乎的,读纸质书的人少了,读电子书和听书的人多了。我起初是为书和写书的人忧伤的,现在不了。老人们视力不好了,享受听书的时刻不亦乐乎?年轻人时间不够用,在地铁上读电子书也是对书的亲近啊!

书对人类心性的滋养和人类社会的进步做出长期贡献,读和写都是对此宝贵传统的爱护、继承,读和写同等重要。

现在几乎没有文盲青年了,恰恰相反,学历高的青年比比皆是。青年总是要成家,总是要为人父为人母的。我想,年轻的、有知识的、自己读过书的父母们,在孩子三岁生日那天,应送给孩子一份特殊的礼物——用彩纸包着,扎着漂亮的丝带,由孩子打开;当童书呈现时,郑重地向孩子宣布，从这一天起，父母轮流为孩子读书的亲子阅读开始了。还要为看童书的孩子拍下纪念照，对他或她说："你看书的样子很美！"

于是家中为孩子而有了一格书架。

等孩子上中学了，有了自己的房间，那书架便移到了他或她的房间，墙上还挂着他或她三岁时读书的纪念照——那时他们已经开始自己选书看了，选的过程中必然会逐渐形成自己的判断力。

后来，孩子们或因学习压力所致不怎么读"闲书"了；再后来，他们成了大学生，几乎只有精力读专业书了；再再后来，他们毕业了，参加工作了，成了地铁上看电子书的人；等他们结婚了有了孩子做了父母，也会在自己孩子三岁生日那天送上一份用彩纸包着的扎漂亮丝带的礼物——书。

而等他们老了，便成了以听书为享受的老人……

纸质书在这一循环往复的过程中永不消亡。

年轻的朋友们，如此这般参与优良传统的守望、爱护与继承，不亦乐乎？让那"一树一树的花开"成为人类社会之恒久的风景，不亦贡献乎？